狂

再現一九二○創造力的

大稻埕國際藝術節

大稻埕國際藝術節工作室　編撰

騷

Contents

大稻埕在地故事——
獻給每一個狂騷的靈魂

　稻埕裡愛跳舞的人有育如。在欣合手創館工作的育如因為參加了 2016 大稻埕國際藝術節的舞蹈工作坊《ㄊㄣ、架咖》，生活從此和藝術密不可分。「參加舞蹈工作坊後我真的覺得藝術沒有這麼遠。之前就是家裡、工作；工作、家裡，參加舞蹈工作坊後我會去找一些藝術活動來參加，還去參加了畫會。這兩年我開始用不同的眼光去看自己的生活，以前我會怨天尤人，現在一樣是沒有很富有，但我開始感覺自己是十全九美，我開始享受自己的生活。」談起被藝術改變的自己，育如的眼神閃著光彩。

從 2016 年的大稻埕舞蹈工作坊《ㄊㄣ、架咖》、2017 年的《大稻埕在地舞蹈劇場計畫》一路參與到 2018 年大稻埕在地居民劇場《稻町來出帆》，育如一邊車縫著包包的背帶，一邊聊著她對藝術的想法：「我享受在其中。老實說我是受益者，因為我

欣合手創館員工　沈育如

想對大稻埕國際藝術節說的話：

「我要謝謝大稻埕藝術節的團隊把藝術節帶到大稻埕這個地方來，讓大家又重新發現大稻埕其實很多寶：有戲窟、有茶葉、有中藥、有布市，這些都可以在藝術節裡面看到一些端倪，這些都是很生活的，但是生活也可以很藝術。大稻埕國際藝術節工作室團隊夥伴之一的林珣甄說過一句話：『越在地越國際』，大稻埕藝術節讓在地生活的人了解到自己的生活就是一種藝術。」

參與了藝術節的工作坊和演出，所以我覺得我有獲得。如果有人問我，我會跟他說來玩玩看嘛！藝術真的沒有這麼遠。」

在大稻埕這裡，藝術非但不遠，而且就近在街頭巷尾。每一個在大稻埕生活、工作的在地故事都能串連成大稻埕獨特的藝術性和身體語彙，就連觀光客和消費者也都成為了大稻埕在地故事的一部份。對於來店裡的顧客，育如也有自己的觀察：「我最近在店裡會看見有一些穿著旗袍來逛街的女生，越來越多人來大稻埕會變裝這件事情我覺得很好玩。這邊漸漸有帶起一種風氣，大稻埕真的是有文化的地方，不是只是過來買東西。」育如認為這是藝術在潛移默化，也是大稻埕國際藝術節以及街上大家種種努力的結果。

大稻埕國際藝術節有一個核心價值，那就是「從人人手中長出來」。參與的滿足感和成為一個藝術家的光榮感讓正在整理布料的育如看起來好美、好有自信。問她都會跟客人聊什麼，她說：「參與藝術節之後，我對大稻埕的歷史和街區有更多了解，我知道的越多，就可以跟客人分享越多。現在除了店家和客人的關係之外，我還可以介紹這間店所在的地方有什麼歷史、最近辦了什麼活動。」

在大稻埕，每個人的身體、每個人的生活都是瑰寶，在育如跟客人介紹布料特性的時候，我看著她工作的姿態心裡這麼想著。

幸福甜品茶米露經營者　游添明
想對大稻埕國際藝術節說的話：
「很支持你們跟在地有更多的互動，在忙著藝術節的時候
還是要關心身體健康，工作不要太累，要好好保重。」

「大稻埕這個地方，無論是歷史、建築還是人，都很濃郁。」從小就生長在這邊的游添明是這樣形容大稻埕的。游大哥除了是幸福甜品茶米露的經營者，同時也是大稻埕創意街區發展協會的理事長，談起「大稻埕國際藝術節」，他流露出鼓勵的神色：「大稻埕國際藝術節對我而言是一個創舉，它發生在這裡是選擇了對的點，用了1920狂騷的這個概念真的很會策劃。」

「狂騷」是1920年代的特質，狂熱而騷動，充滿創造力。這不只是「大稻埕國際藝術節」的標語，也是100年後仍流動於大稻埕人情生活裡的日常。游大哥端出一杯夏季限定的「楊枝甘露」，娓娓說明這杯飲料是用新鮮的芒果調和西米露，再用柚子乾來取代葡萄柚，在味蕾上堆疊出豐富美味的口感。小小的一杯飲料中飽含著使用食材的巧思與對顧客的心意，再加上一句輕聲叮嚀：「水果打的，趁新鮮喝。」來到茶米露除了喝飲料，還能吃到為了霞海城隍老爺聖誕而特別開發的老爺餅，處處都能體會到游大哥對好食物的熱情和研發新菜色的創造力。

別看游大哥圍著圍裙在吧檯裡斯斯文文的調製著甜品，脫下圍裙後他可是一個舞棍阿伯，游大哥喜歡跳舞，跳的還是迪斯可（Disco dance）。愛跳舞的他也曾參加過大稻埕國際藝術節為在地居民開辦的舞蹈工作坊，他帶著溫暖的笑容說起工作坊：「就像種一盆花不可能隔空，一定要有根，要讓不熟悉跳舞的人放鬆肌肉、梳理情緒，是需要時間的。大稻埕國際藝術節像一個園丁，用藝術的方式播種灌溉，開發在地居民藝術的視野、對美的感受。逐步、逐年地增加在地居民中嚮往藝術的愛好者。」說完後他往我的杯子裡又倒了些色澤漂亮的茶湯，有著濃郁的在地香氣。

稻舍創辦人　葉守倫

想對大稻埕國際藝術節說的話：

「保持著從人人手中長出來的初心，然後找到永續下去的方式。未來的五年、十年、二十年，我都會一路相挺。」

大稻埕在清代曾經是一片曬穀的場地，米糧交易熱絡，身為米行家族的第五代，稻舍創辦人葉守倫認為：藝術和美食一樣，都可以為社區帶來改變。

暫時抽離稻舍忙不完的餐廳事務，守倫的目光眺望遠方，開始回憶起 2016 那一年的大稻埕國際藝術節。「我們那時候還自己辦了一個演出《稻事你來說》。讓觀眾聽這邊的故事、看舞蹈表演，然後坐下來吃飯。」吃飯！我略顯驚訝，看表演還可以吃飯？守倫繼續說明：「對呀！觀眾一起坐下來吃飯，很像以前的『吃會』。大家邊吃飯邊聊天，新舊店家可以交流，聊你為什麼會來參加，或是你對大稻埕和迪化街的想法。同桌可能會有六七十歲的長輩和年輕朋友坐一起，長輩就會跟年輕朋友聊，把過往的回憶勾起來。」我會心微笑，是啊！還有什麼滋味會比在百年老米行裡面咀嚼白米飯更加香甜呢？

2017 年的大稻埕國際藝術節也令守倫印象很深，當時有一個駐埕藝術家計畫，邀請了菲律賓籍的藝術家 Leeroy New 來到大稻埕，將他的雕塑專長跟在地記憶連結後轉化為藝術裝置。「這個藝術裝置我覺得很不錯，我們旁邊有一棟蓋到一半的爛尾樓，這個爛尾樓本來很醜，因為藝術家的創作，讓它變得很不一樣。」

美食和藝術就是改變社區的力量，守倫再一次說得篤定。

外國藝術家會帶來新的觀點，我們可以透過藝術家的眼睛，再看一次平常習以為常的大稻埕的日常事物，為大稻埕帶來新的想像和刺激。大稻埕國際藝術節那幾天，藝術是種下一個種子、帶來一個契機，而在接下來的日子裡，欣欣向榮的藝術生命力會在街角店鋪、街坊鄰居的身邊繼續延續，藝術家、社區居民、在地店家三者間的關係透過參與大稻埕國際藝術節的記憶，彼此緊密連結著。圖·文｜林筱倩

藝術節發起緣起

國際藝術節──為什麼在大稻埕／蔣朝根

大稻埕為場景──讓藝術發聲，累積文化厚度／周奕成

和地方共創──大稻埕國際藝術節重塑街區文化／于國華

在文化實地上綻放出來的花朵──稻埕國際藝術節／張凱迪

為什麼在大稻埕

國際藝術節

蔣渭水文化基金會
執行長

蔣朝根

1920 年代，台灣的新知識青年，感受到明治維新後日本成為文明現代性國家，深知台灣也須維新，台灣人須有現代思想，須升文化素養，享有現代文明，他們提倡新文化運動，台灣人要樂為世界人，將台灣文化推向世界舞台。

台灣新文化運動具有歐洲文藝復興「以人為本」的本質，蔣渭水稱之為台灣的文運復興（文藝復興）運動；文藝復興揭開現代歐洲史的序幕，其最重要的本質是個性、思想的解放，激發出人類創作的本能及追求真理的精神，在知識、文學、藝術、政治、思想都產生巨大變革。蔣渭水認為經過新文化運動之後，台灣才真正進入「人的時代」，如同歐洲人於文運復興時代，才得著「人的發見」——發見著「人是人不是神的奴隸」。

大稻埕在 1860 年開港，國際港埠性格，使人具有包容、開放的個性，造就出台灣史上新文學、新美術、新音樂、新戲劇最熾熱、最輝煌的時期，如果古都台南是台灣的羅馬，那麼大稻埕是台灣的佛羅倫斯。

大稻埕也是台灣近代社會改革運動、思想運動的核心；1920 年代，最具代表性的社運團體，如台灣文化協會、台灣民報、台灣民眾黨、台灣工友總聯盟……都以大稻埕為根據地。大稻埕鼓動台灣自由民主人權運動的風潮，如同美國波士頓鼓動美國獨立風潮，大稻埕也可說是台灣的波士頓。

執行長蔣朝根闡述：「大稻埕國際藝術節就是要傳承 1920 年代台灣新文化運動『台灣是世界的台灣』的精神」，期待在 21 世紀的現代，再造一波台灣新文化運動的風潮。

大稻埕國際藝術節就是要傳承 1920 年代台灣新文化運動「台灣是世界的台灣」的精神，在百年之後，再造一波台灣新文化運動的風潮，將大稻埕變成台灣的愛丁堡，在世界發光、發熱，成為全世界當代藝術家在國際展演的舞臺。文｜蔣朝根

大稻埕為場景——讓藝術發聲 累積文化厚度

大稻埕國際藝術節
發起人
周奕成

辦藝術節的初始想法滿簡單的，就是將 1920 年代的精神發揚光大，準備面對新的 2020 時代。

大稻埕國際藝術節自 2015 年開辦，每年 10 月期間為大稻埕街區帶來人潮，聯合發起人周奕成說：「如果我的目的是讓這地方店家生意變好，符合一般人的期待，那沒什麼了不起。但我真正希望的，是讓這裡成為一個偉大的地方，產生可貢獻其他地方的精神。」

周奕成率領的世代事業群旗下二十年代書店和蔣渭水文化基金會、思劇場共同發起大稻埕國際藝術節，他勾勒的願景，乃透過藝術節活動帶進更多新一代創作者，每年產出新的劇本、詩等各種不同類型藝術作品，讓越來越多創作在此層疊累積，使文化的厚度越來越厚，久了成為有思想的文化。「這是我對這地方可以做的貢獻」，也就是他念茲在茲的新文化運動。

大稻埕和新文化運動兩個關鍵字交叉，任誰都會想到蔣渭水，周奕成坦言發起藝術節主要是受蔣渭水事蹟的啟發。1921 年，30 歲的蔣渭水在大稻埕參與發起成立台灣文化協會，這是日本時代台灣社會集體政治行動的代表性組織，吸納眾多青年，致力文化啟蒙的活動，是台灣人的第一個本土運動組織。大稻埕身為對外商港，在 1920 年代除了是東西物產文明交流地，也是現代台灣意識的啟蒙地。周奕成 2008 年

發起人周奕成秉持熱情將 1920 變裝遊行擴展為大稻埕藝術節，連年舉辦藝術節規模越趨成長，使得專屬於台灣的新文化思想也越趨成熟。

帶年輕人進大稻埕創業，在創業的基礎上創作之時，一面伺機要做的便是喚起 1920 年代的精神，激發創造力，再度發動台灣新文化運動。

自承是思想者，不論坐在他面前的是學院學者、專業人士或學生團體，周奕成隨時隨地都能耐心的闡述他的理念，不論要談街區經濟、微型企業創業、1920 年代精神、台灣外交處境，堅持要對方聽他完整有脈絡的論述。跟他工作多年的同事欽佩的說，周大哥簡直抱持傳道的情操。

1920 變裝遊行從 100 人擴展為 1 萬 5000 人，每個人都對 20 年代有著不同地詮釋，堪稱大稻埕藝術節的重頭戲之一，每年遊行周奕成必定著長袍參與，從未缺席。

大稻埕迪化街商圈，傳統上圍繞在茶葉、布、中藥材、南北貨等商品。儘管中盤商在此維持貨物流通的功能，但隨著部份街屋閒置，有些瀕臨傾圮毀壞，市容顯露蕭瑟。在文化資產保護觀念升高之時，台北市通過都市空間歷史風貌特定專用區辦法後，開始促成大稻埕街屋保存。大稻埕街道區新舊並陳的風貌，觀光潛力十足；歷史上不論是地理航運便利和茶葉外銷盛世，或台灣文化協會成立的基地，發起新台灣人意識等文化事蹟，都有著挖掘不盡的故事。

周奕成率世代事業群進駐大稻埕 10 年來，為街區帶來新的產業活力，至今有了「大稻埕的周奕成」的名號。「選擇大稻埕，因為這裡對我來說有個非常強烈地召喚。」

「我對 1920 年代歷史很有興趣，因為大稻埕 1920 年代有藝術文化、產業經濟、又有政治歷史等多重意義，非常適合我。「除了大稻埕，想不起有什麼其他地方可以讓我興起使命感和情感，願意長期投入。」他對大稻埕定出三軸線：世代創業寶地、文化運動基地、1920 時光通道。

一開始就設定會辦文化節或藝術節推動文化運動，然而在資源和合適夥伴到位前，周奕成自 2012 年起，先辦 1920 年代變裝遊行，做為藝術節的前導活動。第一年主要參與者是員工和事業群夥伴及朋友，大家卯起來重現二十年代風華，向戲劇和電影公司出借服裝，音樂劇「渭水春風」的演出單位「音樂時代劇場」，和製作電視劇「紫色大稻埕」的「青睞電影」都慷慨出借。第一屆遊行，有民運人士王丹扮傅斯年、台大醫師陳耀昌扮台大醫學院前身台灣總督府醫學校校長崛內次雄（本人出席文化協會成立大會）等人熱情參與，遊行人數約 100 多人。

至今證實變裝遊行是一項老少咸宜成功的策略性活動，發展成為藝術節的高潮。每年有越來越多人自發參加，他們有的複製舊照片裡 1920 年代的世界名人裝束，有的嘗試漢服、和服或華洋混搭，重現百年前真實情景，打扮到位，參加者和旁觀者都樂在其中。2019 年，遊行人數躍升達 1 萬 5000 人。

訂 1920 精神為推動藝術節的引擎，我們今天可從前輩畫家郭雪湖 1930 年作品「南街殷賑」畫面，看到當年迪化街霞海城隍廟口節慶熱鬧景象，廟口擁擠的市井小民忙碌紛擾，五彩繽紛的招牌遠近林立，有日本人回國愛買的台灣特產禮品店，也有中國藥材店，還有寫著英文字樣的店面，可見當時大稻埕商圈的繁華多元。

經濟持續繁榮的 1920 年代令人炫目的還有百花齊放的思想，剛結束的一次世界大戰鬆動了世界原有秩序，民族自決浪潮蔓延，那是台灣政治社會團體蓬勃發展的年代，各自抱持不同理想目標，或追求具民族主

義的自由民權、或投入工農運動，社會主義、共產主義、民主主義和自由主義思想交鋒，和世界大舞台的背景相呼應，沒有任一主義獨領風騷。那一段台灣社會運動史，隨後陸續遭日本軍國主義鎮壓，及二戰後戒嚴壓制而沈寂數十年。

周奕成多年研究 1920 斷代歷史，他搬出例證發警示語，「人類世界的問題一百年前就出現，人類在 2020 年會遭遇到非常大變化，我們要預做準備。」

他指出，我們現在的生活都是 20 年代的延續，當代遇到的問題，都是自百年前現代化過程產生的問題。例如人類在 20 年代進入石油世紀，我們可在費茲傑羅《大亨小傳》書中情節讀到有很多汽車，那時以美國為主，大量消耗石油；而後生活方式持續仰賴石油，對當今世界造成很大影響。距離我們較近的 20 年代人物有孫中山、日本大正民主時代催生者思想家吉野作造、影響後代美學甚鉅的民藝美學家柳宗悅等等，他們提倡的思想觀念仍深植我們現代生活。

繁華的 1920 年代以大蕭條告終，跟隨而來的時代，在亞洲有日本的軍國主義、歐洲有法西斯和納粹的興起、史達林在蘇聯專制獨裁，然後爆發二次世界大戰帶來巨大的恐怖。「提醒所有人，我們擁有的一切都不是理所當然，自由和民主不去捍衛就會消失。」周奕成直指重點說，根據經濟學者提出的數據，2020 年代貧富差距問題

將是一百年來最高；上次貧富差距問題最嚴重的就是 1910 到 1920 年代，期間發生了一戰和俄國革命，以此模型推估，預料全世界接下來將面臨革命動盪的年代。所以了解 1920 年代的背景，有助我們對未來巨大變化預做準備。

將 1920 年代充滿創新精神的年代拉到現代，藝術節致力重新定義大稻埕的精神。

「我們正在做的事情不是懷舊，而是創新。」周奕成描繪 1920 年代的特質是創造力，那時代精神挑戰很大，所以能產生偉大的藝術家。他觀察目前新世代創作者充滿困惑，面對當代藝術諸多困境，實在很難突破。而 21 世紀真實世界太戲劇化，藝術創作者難超越、難較真實世界更戲劇化，甚至連要複製或批判、嘲諷都很難。年輕藝術家如果不建立自己的哲學觀和思想，思想不夠深刻，處理的問題容易流於瑣碎小事。周奕成焦急的說，必須把他們帶回到一百年前人類世界產生問題的根源，才能有不同的視界。

大稻埕國際藝術節有明確的基地「大稻埕街區」，明確的主題「狂騷 1920 年代」精神，性格明確，是一個民間發起的獨立藝術節。周奕成很清楚自己不是藝術領域的

人，節目安排全權交給策展人和團隊發揮。身為發起人，他喜歡和藝術節工作人員談 1920 的精神及大稻埕的意義。自認是個在地參與者，不因藝術節為地方帶來人潮而自滿，他懷抱浪漫理想地說，應著眼更上層的目標，讓在地人有光榮感和使命感，共同投入讓藝術節越做越好。讓這地方變得偉大。

依循這樣的理念，他指出，藝術節從來都不希望由個人或單一單位主導，並且一開始就找街區商家、協會一起參與。大稻埕歷史上有「戲窟」稱號，1924 年就有座位 1200 席的永樂座戲院，全區戲院數量一度達 50 多家！此間蘊含豐富文化藝術動能，至今新入駐的商家創業老闆不少人是學美術或戲劇出身，參與創辦藝術節的工作人員都提到，大稻埕街區裡原本就處處有藝文活動，有些商家本身還是收藏家。第一屆藝術節準備時間不到半年，但因為在大稻埕工作的人具備了各種角色：戲劇編導、演員、企劃、行銷、設計等等，眾人便浩浩蕩蕩的一同開創了美好的開始。

周奕成回想，第一屆工作人員人很少，大夥沿街募款，向店家宣傳藝術節的進行。雖事先編列預算，事實上並不知道資金何時可以到位。預算從第一屆的 160 萬，到

2019 年成長到 450 萬，規模逐年擴大。

為什麼藝術節一開辦就年年有外國藝術家參與，很有國際架式。藝術節藝術總監張哲龍至今不解，他提高語氣興奮又帶點訝異的說，就會有外國人拿他們自己的音樂，爬上樓梯到思劇場來找我們，主動問可不可來演出。「應該是大稻埕本身擁有的文化底蘊，吸引他們過來。」

他說的那個自己來問演出機會的就是「泥灘地浪人樂團」，不但參與第一屆藝術節演出，樂團成員陳思銘（David Chen）還為 2017 年藝術節策展節目「縫盜聲程遊：稻埕發聲」，結合台灣聲音藝術家張惠笙等跨國藝術家，以聲音探索大稻埕。

周奕成說，開辦藝術節從一開始就設定要永續經營，所以心態不急，就算規模小，可能有缺點，但是放眼讓它自然成長。「這不只是大稻埕的活動，而是代表台灣。大稻埕國際藝術節有潛力成為台灣、甚至全亞洲最重要的藝術節之一。而國際藝術節不應以邀演國外團體為指標，應該要有國際觀眾才算數，要讓各國人士在每年 10 月特地來台灣參加。」

大稻埕每年農曆 5 月 13 日霞海城隍聖誕是

「縫盜聲程遊：稻埕發聲」的參展藝術家探索整座大稻埕區域，並錄下當地的聲音，將這些錄音檔融入在表演中。

公民藝會與在地商家近距離接觸，面對面討論活動主題以及協助需求，讓大稻埕周邊商家與在地人士參與情形愈加熱烈，彼此的情感也更為緊密。

傳統重要節日，至今發展成台北霞海城隍文化節；全年當中不同季節，有年貨大街、大稻埕養生食譜和本草派對等活動，扣合街區特色產業。周奕成特別指出，大稻埕已有這類與產業結合的活動，都做得很好。藝術節要做的不是促銷觀光、地方產業。藝術節是創作的運動，核心是創作。他設定大稻埕作為新一波文化運動的場景，真正重要的是在裡面演出的人。有好的作品、好的節目，時間累積久了，經濟效益自然顯現。

第一屆大稻埕國際藝術節 2015 年起確立了在地性，除了有藝術工作者來取材創作，也促成在地藝文工作者合作展演。思劇場嘗試為居民辦工作坊，2017 年發展大稻埕在地舞蹈劇場計畫，找素人一起創作。計畫製作人、同時擔任藝術節策展的林珣甄說，其中有一、二人好像深受感染，每年固定來參加，甚至覺得不夠，還去參加外面的劇團。可看到藝術節在社區的在地工作，埋下的種子已發芽並擴散，讓參與的人愛上表演藝術，而且繼續表演下去。

藝術節播種的社區劇場概念，獲創意街區發展協會積極接棒回應，開始有了在地社區居民劇場的計畫，去發展他們心目中的社區劇場。

2019 年藝術節策展人高翊愷指出，大稻埕創意街區發展協會為本屆藝術節「齊聚街區」系列活動，製作20分鐘的居民劇場「萬聖怪奇稻埕」，這齣小小影子戲由在地素人創作演出，從資金籌措到道具製作都是他們一手包辦，體現「由人人手中所長出來的藝術節」的精神，展現「共同參與、齊聚街區」的理想。「讓『口號』不再只是口號，而能夠真真實實的從每個人身上發起；讓策展不再只是工具，而能夠實際與地方對話，不再只是權力的表徵。」

每年藝術節開幕前半年，會先舉辦「公民藝會」，取議會聽取眾人意見的意思，邀集街區店家和居民齊聚，由藝術節主辦單位說明當年活動主題，店家各自提出他們要配合做的活動，或提議提供場地，供藝術節協助媒合藝文表演。從 2015 年至今以來，公民藝會人數達上百人，有 40 多家店家參與藝術節。

社區居民對藝術節有了認同感，周奕成笑著講個小故事，他說，有天上午進大稻埕一家咖啡店，排隊輪到他時，一個自稱是太平國小學童的家長衝到隊伍前，堅持請客，跟櫃台人員說，不要讓周先生付錢。這位媽媽解釋說，因為周奕成辦藝術節，周圍國小樂隊、舞獅團隊才能有機會參加遊行表演，很感謝藝術節提供演出機會。

周奕成表示自己很幸運，因為辦藝術節，讓他認識了很多藝術家朋友，這是他前段職業生涯難想像的。他和一群文化創意人合作夥伴進駐大稻埕，藉經濟活動基礎，發展文化運動，受到不少藝術學院老師的

大稻埕藝術節藉著公民藝會聽見街坊心聲，攜手合作創造人人手中長出來的藝術節樣貌，與在地緊密連結。

肯定和支持，問大稻埕國際藝術節是參考世界上哪個藝術節呢？「他們很震驚我沒去過全世界知名的大型藝術節，」周奕成笑說：「我不是藝術圈內人，所以沒有任何心理壓力、沒有包袱。我有我的原則和願景，我們不會去對比規格很高的國際藝術節，大稻埕本來就是雅俗共賞的地方，節目性質可以很高、很 low 都沒關係。」藝術節開辦之初就訂定基本方針，資金主要自籌，出發點很簡單，為維持獨立性，避免政府介入主導，至今每年來自政府部門的經費佔藝術節總預算 25% 到 30%。因

為設定要永續經營，眾人擔心單靠政府補助的藝術節，一旦政府首長換人，決定抽銀根，藝術節便沒辦法繼續。

同時，周奕成主張應培養年輕藝文工作者獨立經營的能力，堅信台灣已有能力辦一個吸引全世界人士特地前來的國際藝術節。他非常樂觀，認為大稻埕國際藝術節已培養出自身能量，地方上認同的人也越來越多。以大稻埕代表整個台灣，將在這裡累積的思想文化精神，貢獻給世界，這地方才會偉大。

曾經，從大稻埕駛出的船隻，運載烏龍茶送往紐約、包種茶輸往新加坡等南洋市場；洋行和商業活動蓬勃，日本時代大稻埕有人口統計時期顯示，居民 1/5 是日本人和外國人，相較台北城內以日本人為主，大稻埕是台灣人活動區，一般生活普遍出現華洋和共處，大稻埕曾那麼地又台灣、又國際。今日大稻埕街區的紅屋頂櫛比鱗次，站在碼頭水邊，看向淡水河，遙想青年蔣渭水為文化協會寫的會歌，渭水先生 40 歲早逝，一生都在台灣，他是如何在大稻埕培養世界胸懷呢？他寫的歌詞其中幾句是：

糾合東亞諸民族，締結大同盟
啟發文明比西洋，兩兩得並行
可免黃白起戰爭，世界就和平
我等一舉天下利，豈可自暴棄
但願最後完使命，樂為世界人

周奕成和夥伴在大稻埕邀在地人參與促成的藝術節，打造跨越 1920 和 2020 年代的時空劇場，要推動台灣與世界連結的文化運動。先賢百年前樂當世界人的氣魄，正待這幫人鼓吹發揚實現！文｜羅苑韶，圖｜大稻埕國際藝術節

大稻埕國際藝術節重塑街區文化

和地方共創——

國立台北藝術大學
藝術行政與管理研究所
所長　于國華

大型城市藝術節從二次世界大戰後開始發展，最明顯的例子是英國愛丁堡國際藝術節和法國亞維農藝術節，都已經超過半世紀，辦得相當成功。國際間城市藝術節的創辦背景，除了提供慶典活動帶給民眾生活歡愉，也有國際文化藝術交流，甚至城市品牌與產業經濟的動機。

台灣自 1990 年代中期，政府推社區總體營造，開始推動地方藝術節慶。當時的政策，目的是經由藝術節重新發掘、彰顯地方文化，透過創新形式觀看傳統及民俗。在政府鼓勵和補助推動下，藝術節數量快速增加，但其中良莠不齊，一些藝術節虛有其名，內容缺乏特色。

近年文化部的藝術節政策轉向，求精而不求多；加上民眾素養和地方政府執行能力提升，地方藝術節發生根本上的轉變。不僅藝術節主題與形式更為多元，也更深度結合地方藝文特色，甚至配合學校教育推廣，讓藝文特色向下札根。例如雲林國際偶戲節，熱鬧的藝術節慶活動背後，是動員廣泛、效果明顯的布袋戲推廣教育行動；屏東半島歌謠祭也展現了十多年來，在小學、中學教授月琴彈奏和民謠演唱的成果。

觀察城市藝術節對現代生活的現代意義，可以分成幾個面向。第一是重新定義時間。過去傳統農業社會的節慶和農業生活相關，節氣標註農作生長情況，主導人民的生活和休閒。孔子說過「一張一馳，文

武之道」，節慶活動調節生活的緊張與壓力，為周而復始的節奏帶來變化與期待。節慶活動的社會意義，早在孔子的年代就被重視。

現代都市生活脫離了節氣，季節退化成為開關冷氣、出門穿衣的指標，或是政府與公司的季度考核周期。每一天早上台股開盤，收盤之後毆股開盤，晚上還有美股開盤，全球經濟是廿四小不停止的國際時鐘。反而節慶活動可以打破城市生活慣性，成為重新標記時間的節點，在固定時段發生、帶來脫離日常的情境；甚至在一些特例，城市生活會跟隨節慶的節奏而進行。

法國南部城市亞維農，七月初夏季藝術節開始，滿城盡是各國遊客；七月底活動結束，外來人潮散去，居民回歸平淡生活。對於亞維農的人民，藝術節如同農業時代的收穫季節，短期勞動帶來主要的經濟收入，一期之後等待下一期的來臨。

第二是重新定義空間。過去城市藝術節，即使活動散布在城市區域，但主要展演還是在劇場、美術館或多元使用的建築空間發生。過去 20、30 年間，隨著博物館、美術館開始走出建築，以戶外現場做為展示內容或展覽空間，促發了新的藝術節形式，例如日本著名的越後妻有大地藝術祭，藝術節成為引導遊客深入空間的手段，以藝術品做為路標，引導觀眾不辭舟車勞頓、去到觀光客不能到達的山野或島嶼。

北藝大藝術行政與管理研究所所長于國華提到，大稻埕國際藝術節呈現了現代城市藝術節最重要的發展趨勢就是「共創」。

城市藝術節透過藝術品和表演活動的廣泛散布，打開城市裡被冷落閒置或非展演場所，讓藝術和城市空間、文化脈絡深度連結，發現城市被遺忘的趣味。例如粉樂町，藝術作品散布在城市街區，藝術品直接親近民眾，改變民眾對於生活景觀的習慣認知，重新感受城市。

第三，重新定義藝術和地方的關係。過去政府主導、透過標案委託專業公司辦理藝術節的模式，大約在 2000 年以後，出現以社區做為主體，由人民參與創作的藝術節

形式。許多藝術節邀請藝術家駐地創作，經由與民眾共同生活互動，將社區生活轉化為創作靈感，做為藝術呈現的主題或內容。

二十世紀末以來，美學和藝術的概念都發生轉變，藝術家重新看待自己在藝術節中的角色，從過去主導一切的策展人、創作者、展演者，演化為用藝術表達城市故事的專業者。甚至藝術家觀察城市、體驗在地生活之後，發起藝術行動，帶領民眾共同參與創作。藝術成為藝術家和居民建立關係連結的過程，作品是開放的，甚至不一定完成，創作過程本身就是作品。藝術因此有了更多可能性，破格走出傳統限制，和真實場域以及日常生活直接有機融合。

過去藝術節以藝術「置入」城市，例如以公共藝術作品塑造城市地標，或表演遊行活動做為城市的熱鬧慶典。如今城市藝術節不再只是藝術的舞台或容器；藝術被「植入」城市，和城市環境、文化有機相生，顯現城市文化之餘，也是城市文化創新的動力與內涵。藝術節發生在城市，除了現場體驗，更產生向外傳播影響力，以深植人心的城市形象，成為帶動產業的品牌。

以上面向，提供看待大稻埕國際藝術節的不同視野。大稻埕街區的風貌保存，是都市發展和文化資產保存的政策交集，在歷史機緣之下的美好成果。然而大稻埕原有的批發行業，面對流通業和生活方式改變，

逐漸失去舊日榮景。歷史空間得人保存，卻面臨生計困難的局面。

周奕成的世代文化事業群進駐大稻埕，開啟產業創新轉形的機緣。起初街屋上的商家和房東，對產業轉形缺乏嘗試意願，周奕成花很多精神溝通，將當時還不成熟文創產業帶進來；但這些文創產業生根發芽，帶動了消費潮流，成為改變大稻埕街區風貌的力量。街區產業開始發生質變，甚至老產業開始設計再造，例如傳統大盤批發商開發零售商品，甚至在網路商店銷售。迪化街從曾經規劃拓寬，經歷保存運動留下風華絕代的歷史風貌，到產業轉形和商業模式創新演變，這一連串的改革，寫下大稻埕最動人的故事。。

大稻埕主要活動是商業，但街區個性卻被忽略；只有郭雪湖名畫《南街殷賑》，為迪化華留下深刻的繁華印象。大稻埕國際藝術節可以重新創造迪化街印象。這個藝術節有幾項特點：由民間發起，這不是政府政策，更不是有公部門預算的活動，但從一開始就打算做很久，成為「新創的傳統」、未來大稻埕文化的一部分。建立地方文化需要時間，可能 5 年才會受注意、10 年才能有名聲，但如果持續 20 年，就有機會成為地方的標記。

在 21 世紀的台灣，周奕成召喚「1920 精神」，讓相隔百年的時代相互連結。百年前的啟蒙，大稻埕知識分子發揮強大的動

力追求新知識、新觀念，為台灣社會帶來轉變；儘管交通、通訊遠不及現在發達，但那是一個國際化的時代。人類社會經歷一次世界大戰，目睹瀕於毀滅的悲劇後，重新思考和平的意義；那段時間爆發的創造力，無論新思想和新事物的精彩程度，在歷史上少見。

一百年前，大稻埕是台灣接受外來思想的地方；周奕成用 1920 年的回顧，督促我們重新思考今昔之別；如今擁有更便利的交通、更快速有效的訊息宣傳，並不代表我們比過去更積極認識國際思潮、了解世界局勢，反而面對巨量訊息讓我們顯得麻木、停止深度思考，退回到個人世界的關懷。

另外，大稻埕國際藝術節讓我們看到現代城市藝術重要的發展趨勢：「共創」。藝術節呈現有機狀態，每一年滾動發展，不斷邀請商家、居民和藝術家互相磨合，每年產生新的內容；這些共創不見得都有成就，每一年也不會相同，但每年都會帶著過去的經驗，持續向前發生。這符合城市藝術節的精神，透過共創呈現當地人文特色，展現當地人期待中的藝術節樣貌。

藝術節在日常生活中創造「非日常」。藝術節固定在 10 月舉辦，為大稻埕標記了新的時間節點，讓人有所期待。做為現代街區慶典，藝術節重新創造了在地空間，任人遊歷探勝。平日遊客進出在主幹道上的店家，只有藝術節透過各種活動設計，打開更多隱藏的大門，讓人們進入認識這些空間。

藝術節創始階段由世代群伙伴擔負籌辦，然後不斷向外捲動，越來越多人參與其中，發展出在地共同策展等共創形式。大稻埕國際藝術節不會只是大稻埕人的節慶，未來隨著內部、外部更多不同角色的加入，更多活動形式的融入，將會呈現新的藝術與社區的關係；新生的藝術會不斷激發更新的藝術，這樣的刺激和動力，不只屬於大稻埕，也是我們城市文明進步的滋養。整理｜羅苑韶

大稻埕國際藝術節

在文化寶地上綻放出來的花朵

張凱迪
阿波羅畫廊 總經理
維也納應用美術大學 博士

張凱迪博士是台灣畫壇的重要推手－阿波羅畫廊的第二代掌門人，現任阿波羅畫廊總經理、國立台灣藝術大學助理教授。具有維也納應用美術大學博士學位的她，2011年回台定居後，即大力推動藝術產業與學術之結合，積極參與國內外藝術博覽會，並且盡力扶植台灣年輕藝術家步入正軌的藝術市場和國際舞台。

孕育傑出藝術家的文化寶地

要談起台灣早期的藝術發展，就不能不談到當年藝術家雲集的大稻埕，「包括郭雪湖、呂基正、陳德旺、洪瑞麟、楊三郎等在台灣繪畫史上地位卓著的前輩畫家，都曾在大稻埕居住過！」張凱迪說，這些前輩畫家在大稻埕出生、在大稻埕成長，在家庭的雄厚金援下赴日學習、回台後在藝術市場上發光發熱，「他們在繪畫上的卓越表現，大大豐富了大稻埕這塊生養他們的土地的文化內涵！」

張凱迪曾經旅居維也納三十年，九年前回到台灣後，她曾多次到大稻埕探訪或洽公，「除了前輩藝術家走過的足跡深深吸引我之外，大稻埕結合東西方建築特色的新巴洛克建築風貌，也讓我深深著迷！」張凱迪說，阿波羅畫廊位於繁華的忠孝東路上，等紅綠燈時聞到的常是難聞的汽車排氣味，然而每回來到大稻埕，撲鼻而來卻是溫暖的中藥味，讓她想起從前開中藥房已逝的阿公，「那種『阿公的味道』會讓我

忍不住掉眼淚，也讓我覺得自己的文化是多麼珍貴！」

張凱迪表示，在台灣早期社會中，只有富家子弟才有機會學藝術，也因此，身為許多傳統企業起家厝的大稻埕，在當時藝術人才輩出。雖然時代變遷後，民眾接觸藝術的環境大大擴增，已不限於大稻埕，而台灣各地畫廊也如雨後春筍般興起，但她認為，大稻埕仍舊保有濃厚傳統文化氛圍，對於台灣藝術家仍是相當重要的滋養，「藝術家不一定要在大稻埕有個畫室或工作室，但一定要常來大稻埕走走，因為對自己文化的重視，是身為一個藝術家所必須具備的；站在這個基礎上來從事藝術創作，才有可能締造出了不起的藝術成績！」也因為大稻埕有濃厚的藝術氣息、傳統文化氛圍和悠閒緩慢的步調，每次有外國朋友來到台灣，張凱迪通常都不會帶他們去信義計劃區，而是會帶他們去大稻埕逛逛，「因為在這裡可看得到自己的回憶，以及外國人想要看到的台灣和台北市！」

張凱迪博士相當看好大稻埕國際藝術節激發並孕育出在地藝術家，進而帶動本土即國際觀光，以藝術讓世界認識台灣。

從民間長出的藝術節，
帶動本土及國際觀光

談起已經連續舉辦六年的大稻埕國際藝術節，張凱迪臉上流露出讚許與感動，她說：「大稻埕國際藝術節最了不起地方在於，她是從民間手中──也就是世代文化團隊大力推動下長出來的藝術節，而不是靠市政府或官方推動的藝術節。」根據張凱迪的觀察，因為大稻埕沒有來自官方的強力支援，所以即便竭力在網路上宣傳，成效還是有限，「但幾年下來，台北市民雖然不一定來參與過，但或多或少都有聽說過大稻埕國際藝術節，也吸引越來越多人來欣賞走秀及參與走街！」她認為，大稻埕國際藝術節不但能把藝術充分帶入民間，還能同時帶動台灣本土觀光及吸引國際觀光客關注，無形之中，也帶動了大稻埕地區的消費熱潮。

2014 年，阿波羅畫廊首度受邀在學藝埕舉辦前輩藝術家畫展，頗獲好評；2019 年又透過世代文化牽線，以「無盡」大稻埕國際藝術節畫展為名，在台灣企銀「意象大

2020 年於大稻埕國際藝術節中，舉辦「到城藝遊｜構圖台灣」畫展。

2019 年，於台灣企銀「意象大稻埕」藝文空間，展出楊三郎等十多位前輩藝術家之經典作品。

稻埕」藝文空間展出楊三郎、李澤藩、郭雪湖、李石樵、陳德旺、洪瑞麟、劉其偉、呂基正等十多位前輩藝術家的 22 件經典作品；而 2020 年，阿波羅畫廊則延續與王道銀行教育基金會合作數年的「構圖台灣─視覺藝術創作徵件活動」，在大稻埕國際藝術節中舉辦「到城藝遊｜構圖台灣」畫展，希望以 14 位新銳藝術家的 41 幅畫作

吸引民眾到大稻埕一遊，讓大家看見台灣新銳畫家的實力。

值得一提的是，在今年在疫情延燒致使國內外藝術活動紛紛暫停之際，張凱迪曾經以「Life is art is life 生活是藝術，藝術即生活」為主題，號召維也納留學時期的藝術家朋友們用手機自拍分享一週生活點滴

（例如：鋼琴家陳瑞斌到大稻埕看南北貨、在大稻埕吃冰等）並請專人剪接成 8 支 3 分鐘的影片在 Youtube 網站上分享，讓身處世界各地、未曾謀面的 8 位音樂家和 8 位畫家在網路上相遇；後來，張凱迪更在世代群營運長林曉雯的邀請下，到大稻埕發表這些影片，並以通訊軟體 LINE 直播的方式讓藝術家們於現場、抑或跨國對話，「如此一來，即便在疫情之下，音樂及繪畫仍然能夠不分時空地撫慰人心，而觀眾們也可以偷窺藝術家的日常生活，拉近與藝術家的距離！」

看大稻埕文化觀光：
應重視藝術家故居導覽

張凱迪曾任奧地利國家導遊多年，見證歐洲國家對於過往城市歷史及藝術家故居整理的高度重視與用心：「像貝多芬在維也納住過三、四十個地方，雖然只有三、四個故居改建成紀念館，但都是由市政府負責保存經營，而每個貝多芬曾居住之處的門口都掛有市政府統一製作的紀念牌，讓那些故居的歷史價值更加彰顯！」相較之下，她發現大稻埕亦存有不少藝術家故居，卻仍未被有系統地整理出來。

去年張凱迪從世代群得知，婉藝埕的二進居然是前輩畫家陳德旺之故居，而陳德旺也正好是張凱迪的父親（阿波羅畫廊創辦人張金星）過去曾經贊助及大力推崇的畫家，讓她直呼緣分巧妙！今年適逢陳德旺

110 歲冥誕，張凱迪便在婉藝埕舉辦了「別樣風景」畫展，展出陳德旺和范振金等 8 位畫家的作品。「那次展出的最後一天，我甚至把原訂次月要在阿波羅畫廊展出的更多陳德旺前輩的作品全都運到婉藝埕二進，一幅幅小心地掛起來；接著，我把門關上，用手機紀錄陳德旺畫作重返陳德旺故居的神聖時刻；在那一刻，我內心深深感動著——這也是在用阿波羅畫廊和我自己獨特的方式，來向尊敬的前輩畫家致敬！」

張凱迪語重心長地表示，我們現在不只要致力藉由大稻埕藝術節來讓更多人看見大稻埕的美好，還需用心把大稻埕前輩藝術家們的生前足跡整理出來，做成文化導覽地圖，並且把更多大稻埕前輩畫家的作品帶回他們出生的地方做展覽，「應該讓下一代知道包括畫家陳德旺、郭雪湖、洪瑞麟、以及望春風作詞家李臨秋等前輩，都曾居住在大稻埕這塊文化寶地，如此一來，相信將能吸引更多國內外民眾來大稻埕品味城市歷史、瞻仰藝術家故居、回味老建築…並藉由文化觀光及周邊紀念產品開發，相信也將為大稻埕帶來實質且長久的經濟效益！」

看大稻埕 1920 狂騷：
百年前就與世界同步

小學畢業就赴維也納留學的張凱迪謙稱自己是透過大稻埕國際藝術節，才了解百年前席捲大稻埕的「1920 狂騷」。對歐洲藝

術史非常熟悉的她說，1914～1918 年第一次世界大戰使得歐洲皇室瓦解、民主國家興起，而當時歐洲整體經濟卻因戰火摧殘而變得極度蕭條，加之以 1918～1919 年爆發西班牙流感，包括古斯塔夫・克林姆、埃貢・席勒、奧托・華格納等新藝術風格的歐洲藝術家，都是在 1918 年過世。

「當時，相較於歐洲戰後四處淒涼的景象和重建家園的艱鉅任務，台灣因為沒有遭受戰火侵襲，藝術家們反而能夠很幸福地從事創作，並且百花齊放！」張凱迪說，明治維新後，日本迅速學習及吸收歐洲文化，而陳德旺、洪瑞麟、楊三郎等前輩畫家赴日留學後，則把歐洲的水彩、油畫等技法從日本第一手帶回台灣，迅速縮小了那個年代台灣與西方藝術間的時間差距，

《Life is art is life 生活是藝術，藝術即生活》影片分享會

左：張凱迪，右：張凱迪之父（阿波羅畫廊創辦人張金星）

「從這個角度就足以說明，至少就大稻埕而言，台灣在 1920 年代的生活和藝術，早就已經與世界同步！」

張凱迪相當婉惜在台北市其他區塊突飛猛進發展的那幾十年間，大稻埕的發展曾經停滯多年，許多歷史建築也歷經風霜而老舊頹圮，「好在世代群 2010 年開始進駐大稻埕，邀請店家及藝術家進駐、發展文創，一步步推動改變，讓大稻埕又重新活了起來！」張凱迪坦言，這些新進駐大稻埕的店家和藝術家中，究竟有多少人會持續停留在大稻埕發展，其實還有待觀察，但她相信，只要持續用心去保存大稻埕的文化古蹟、努力發展文化觀光，將會吸引越來越多人到訪大稻埕並不斷回流，讓大稻埕的百年歷史及人文風景，能夠世世代代傳延下去！文｜盧心權・圖｜張凱迪・大稻埕國際藝術節

大稻埕藝術家身影—礦工畫家洪瑞麟

大稻埕的百年歷史中，曾出現不少在台灣繪畫史上占有一席之地的傑出畫家，礦工畫家洪瑞麟就是其中相當特殊的一位。「早在 1980 年，當台灣藝術界還不熟悉洪瑞麟的作品時，我父親（阿波羅畫廊創辦人張金星）就已展出並且收藏洪瑞麟的畫作，還積極向獅子會的好友推薦洪瑞麟的作品，四十年後的今天來看，父親當時真是慧眼獨具！」

洪瑞麟出生在日治時期的大稻埕，因為他的父親洪鶴汀喜好書畫，他也耳濡目染地愛上繪畫。在大稻埕稻江義塾念書時，洪瑞麟受到吳清海老師的啟蒙，經常臨摹法國田園畫家米勒的畫作，那時，以繪畫來刻畫勞動者身影的習慣就已漸漸養成。後來，洪瑞麟獲得已投入礦業的前輩畫家倪蔣懷的資助赴日學習美術，深受當時風行的普羅藝術影響，更加偏好從勞動者觀點出發來從事創作。

「令人驚訝且感動的是，為了感謝倪蔣懷的資助，身為公子哥兒的洪瑞麟學成歸國後，竟然去倪蔣懷的礦坑幫忙，甚至親自下坑當礦工，從二十多歲做到六十多歲，最後還娶了工頭的女兒！」張凱迪說，洪瑞麟當年經常以隨身攜帶著的畫筆，把握時機利用礦工們入坑前抽菸的香菸紙來創作，紀錄礦工們的生活點滴及勞動身影，而他那些粗獷而質樸的畫作，不但為地底礦工們發出無言的吶喊，也成為洪瑞麟自我反省的日記。

洪瑞麟曾說：「那些在地底冒生命危險不停挖擴的礦工們，看起來雖然灰頭土臉，一點也不漂亮，但他們才是真正有生命力的人、是偉大的無名勇士、崇高的人類拓荒者！」數十年後回頭來看，這樣貼近庶民、崇尚真實又充滿情感的態度與視角，無疑是大稻埕前輩藝術家們深具人文關懷及富真情的最佳寫照。

策展方法

從 1920 走來──
火光中閃現靈感的藝術節

張哲龍

2015 年第一屆
大稻埕國際藝術節藝術總監

早在大稻埕還沒和文青劃上等號前，劇場工作者張哲龍就經常出沒這一區。那時迪化街兩側街上許多房屋仍處於整修工地的狀態，初初冒出來的 URS 還沒突顯出個性。戴著黑框眼鏡，蓄著有型鬍子的張哲龍因從事設計工作，經常來大稻埕尋找和採購材料。

出於追尋歷史的動機，讓他動念參加大稻埕城區裡的蔣渭水行跡導覽。對張哲龍這一代，學校系統沒教很多台灣歷史，他雖知道蔣渭水的名字，但不清楚他是誰、做過什麼事。隨著蔣渭水後人蔣朝根帶領的導覽活動，實地見證發生歷史事件的地方：台灣民眾黨成立的地方、台灣文化協會起源地、文化書局原址等等，儘管當地現在只剩下一塊牌子，但是他「彷彿受到百年前人做的事感召。」張哲龍說，「後來在一本書裡看到一張老照片，年代大概是

1920、或 1930 年代，大稻埕的人在辦遊行——那時叫『踩街』，照片裡人們扮裝上街，或男扮女裝、或著古裝。我不禁驚呼，哇塞，大稻埕早就有藝術節！」

「以前的人比我們活得精彩好多！聽蔣老師（蔣朝根）說，文化協會成立後，大稻埕經常有講座、播放電影；布市甚至到凌晨一、二點都還有人。我想說哪有可能，大稻埕現在到晚上 7 點就變空城。」聽講古、看書裡照片，懷想百年前大稻埕的風貌，一時間令人難以想像。張哲龍高中時就對編導工作有興趣，喜歡到處聽找故事。他在劇場工作多年，身邊有幾個藝文界熟朋友出身大稻埕，像燈光設計江佶洋、寫

1913 年蔣渭水學生時期留念照。

音樂的柯智豪都在大稻埕長大。大家一起聊，經常聽他們講小時候的故事。尤其柯智豪很會講故事，常講今日屈臣氏大藥房那棟樓火燒厝的故事。張哲龍來自嘉義，自承對出生長大的地方沒什麼印象「我好羨慕大稻埕的朋友，他們的阿公跟他們講那麼多故事。漸漸的，大稻埕成為我依附的地方，簡直變成我的另一個故鄉。」

除了找故事的動機，因為從事設計，他經

常為尋思文化符碼，陷入焦慮。到底什麼符號可以代表台灣，曾經出現的符號是什麼時候創造產生？還是沿用過程產生誤解的結果？劇場團隊經常探討這類問題。擁有豐富歷史和文化底蘊的大稻埕，散發的文化感染力，像一縷煙、又像無形的線，靜靜環繞、牽繫有歷史感情及藝術魂的年輕人聚集過來。

那時已在劇場工作 10 年，張哲龍深深體會

| 1929 年台灣民眾黨第一次黨務磋商會紀念合照。

劇場和電影界普遍資源有限，才華洋溢的藝文工作者手中缺資源，他就想，應製造彼此碰面的機會，讓大家分享各自工作情況，聊聊相互支援和合作的可能性，便起意在大稻埕租個場地，讓藝術家聚集一起。這個想法受周奕成大力支持，提議思劇場場地，張哲龍於 2013 年正式進駐。

他帶領的思劇場初步構想是提供藝術家聚會場地，沒演出時也開放，讓所有人可進去看書、找資料、開會，自由免費使用。但是究竟要如何營運，他一開始也很頭大。

他成立劇團來營運空間，劇團則利用思劇場排練和演出。草創期的小團隊，5 人分管藝術、財務、節目、行政，場館運作採資源共享的邏輯，與來舉辦講座或演出的團隊談票房分潤；或以換工的形式，對方以開課等形式作為回饋。前後到思劇場演出的人較像是這裡的一份子，而不是單純租借場地的人。張哲龍安慰的說，這是思劇場特別的地方。

思劇場成立後，金鐘獎得獎演員王琄來辦過讀劇會，帶領演員自我成長；也找來北

藝大教師，為讀劇會分析劇本，並給予演出意見。民眾則能透過讀劇會認識經典劇本，領略戲劇文本精髓。

張哲龍熱衷要做的是聚集藝術家，設立創作者的逐夢基地。他發起每月辦「思想起」活動，每場邀 5 名不同領域的藝文工作者，分別簡報自己正在進行或籌劃中的工作，眾人一起思考、對話、碰撞不同想法，進而討論資源的匯集或交換資訊。一開始也沒想到，這些能量後來在決定開辦藝術節時成為重要助力。

被大稻埕歷史文化氛圍感動的張哲龍以思劇場為基地，開展藝術網絡連結，也因經常有機會接觸周奕成和蔣朝根，對蔣渭水 1921 年成立台灣文化協會，推展文化啟蒙運動，立志發動文化復興運動的歷史有了更多認識，令他對那個時代環境充滿憧憬。「隨蔣老師走在民生西路，大約重慶北路那個角落吧，聽他說在 1920 年代，往大稻埕碼頭看去，可看到國際航線的桅杆滑過去。這些運載茶葉、鹽的船當年是直接開到紐約去！」

　張哲龍說到第一次聽蔣朝根講這段話時，眼淚都快掉下來，「那時，大稻埕人肯定很有國際觀。」他語帶欣羨地說：「1920 年代大稻埕的氛圍是個國際都市，居民有國際觀，穿西服，讀很潮的書，聽最新的音樂。有很多書店、酒館、及各式各樣藝術家喜歡聚集的空間。」

百年後，那樣的環境不復存在，可是大稻埕 1920 年代的精神值得延續，喚回 1920 年代的精神，在世界維度中看待台灣，這些議題經常出現在世代事業群和朋友的集會中。

思劇場團隊裡的核心成員林珣甄 2015 年 5 月一次在飯桌上聊天時，提到大稻埕很適合做藝術節，這個靈光一現的想法閃到張哲龍。他回想說，世代團隊原本設定在 2020 年時辦藝術節，有紀念百年的意思。但參照自己先前參與其他藝術節的經驗，張哲龍忖度做藝術節沒那麼容易，應提早開始。他主張藝術節的想法不宜等到 2020 年才實現，應立刻開始做，經由 5 年歷程能夠讓藝術節的輪廓更為清晰，形體更明確。周奕成聽了覺得有道理，速速去找蔣朝根，和張哲龍三人很快的決議馬上執行。周奕成樂觀的鼓勵大家：「做任何事，只要想出名字就可以成」，確立起步的姿態。

從「不知道怎麼辦，什麼都不會」起頭，先起了名字 Roaring 20，然後有了「狂騷」二字，起源來自日本漢字，但因為中文字看起來翻飛，字面意思自由、又有藝術氣息，便轉借賦予新生命。

由周奕成和蔣朝根擔任發起人，思劇場、1920 書店和蔣渭水文化基金會為聯合發起單位，張哲龍出任藝術總監，首屆藝術節由思劇場策劃執行製作。初夏，辦公民藝會，聚集大稻埕在地商家，向他們說明藝

 1921 年蔣渭水成立台灣文化協會第一屆理事會紀念合照。

1925 台灣民報總批發處
紀念合照。

術節活動，同時聽取商家意見。與會商家紛紛提出他們 10 月間也會有畫展、服裝展等活動，熱切提出他們的想法，期望可整合宣傳串連街區裡各式活動，讓辦理藝術節這幾個外來年輕人深感，大稻埕地方意識強，在地人希望這塊地方要更好，年紀大點的企盼大稻埕可恢復以往的繁華盛況。大稻埕不只是年貨大街，有那麼多歷史文化待開發。藝術節原本預設是一週的活動，但第一年就決定拉長成一個月。

無意間聊起來要辦藝術節，短短數月間付諸實行，第一屆藝術節可以說是立基自 2012 年起開始舉辦的「1920 變裝遊行」活動為基礎。擴大成為期一個月的藝術節，

對外募款時間急迫，張哲龍參與編導製作短片「夢遊 1920」，讓 1920 年代的人穿越到現代，以變裝遊行作為 10 月藝術節形象主軸，讓 1920 成為一種時髦。

1920 精神是推動大稻埕國際藝術節的引擎，台灣那時社會穩定，經濟活動蓬勃，整個世界的大環境，也是藝文活動和前衛思考大迸發時代。藝術節乃藉藝文活動、講座、展覽，引導人走進大稻埕，貼近 1920 滿溢自由創造力的精神，把過去透析到現代，或說重現 1920 精神。

2015 年第一屆藝術節演出節目一部分來自「思想起」連結的藝文朋友，另外，以張

2012 年張哲龍參與編導製作短片「夢遊 1920」，以變裝遊行作為 10 月藝術節形象主軸。

|　2019 年大稻埕國際藝術節的重頭戲，由「泥灘地浪人」樂團從捷運北門站三號開場領隊遊街。

哲龍的說法是「莫名其妙」自己找上門的外國藝術家。他實在想不透為什麼，但就是有外籍藝術家如泥灘地浪人，自發性走上位在 3 樓的思劇場，大方詢問是否可以來演出。其他自己找過來的還有來自法國、日本等不同國家藝術家。第一屆藝術節同時積極扮演平台的功能，廣邀街區商家辦

活動，將大家 10 月間的活動集結一起，製作節目手冊、設計活動官網，加上熱熱鬧鬧的變裝遊行，整個藝術節於是成形。

思劇場成為藝術節主場館，張哲龍執導、陳以文編劇並擔綱演出的「死刑犯的最後一天」2015 年在藝術節首演受到注目，隔

藝術節就像是一個國際藝文交流平台，除了劇場表演，也不時舉辦跨國連線座談等活動。

年應邀到高雄春天藝術節演出，2017 年初又到台北華山烏梅劇院三度搬演。能量自思劇場對外散發，初露光芒，便走得穩也走得遠。

大稻埕百年前一度聚集 50 多家戲院，人稱「戲窟」。據說中國大陸京劇團來大稻埕表演，每每造成萬人空巷盛況。現在的劇場工作者對當年榮景只有羨慕，一面也樂於到大稻埕搬演，對同時響徹戲曲鑼鼓聲響和時代新戲的歷史舊地做出回應。第一屆藝術節節目單納入「本事劇團」邀中國梅花獎得主凌珂在思劇場演出「說書劇場」。只見他陸續以現代裝扮唱一段折子

戲，穿戴行頭後再唱一次，接著關燈演、開燈背面演、開燈默劇演等，呈現同一場戲。戲劇的本質超越古今、形式，直接感動人。從事現代劇場工作的張哲龍至今回味無窮，思劇場不算寬裕的空間讓演出者和觀眾之間產生親密感，凌珂也反應此間演出和觀眾有一體感，感受到觀眾發自內心的讚賞。

應邀到大稻埕的國外藝術家安排住宿在「讀人館」，凌珂在大稻埕停留期間，白天在讀人館天井二樓迴廊弔嗓子、拉腿，樓下咖啡館客人進來開始活動，令人感受到百年建築裡時空交錯感。大稻埕新舊並陳的特點，在張哲龍眼中，地方既有的文化精神和歷史能量自然催化新的創作，無須仿古，也不用重新詮釋歷史，身處其中，能激發人產生更大驅動力去創作。

藝術節團隊成員一致認同，作為蘊含深厚文化和歷史能量的地方，大稻埕絕對可再次驅動台灣文化復興運動。

強調創造力，大稻埕國際藝術節持續追求自由度。第二年採公開徵件，讓藝術家主動來呈現他們的作品。藝術節沒有訂硬梆梆的評選標準，主要擔任媒合，協助藝文工作者尋找合適的展演空間，媒合提供場地的商家。接著為了擴大展演內容自由度和向度，2017 年特邀國際策展人鄧富權（2018 年起出任台北藝術節策展人）及音樂人陳思銘、攝影師林道明參與，張哲龍主張定期邀新的策展人加入，為藝術節挹注新能量。

不論馬路正中央、碼頭、船上、街區裡店家、房舍和天井都能成為演出場地，都成了大稻埕國際藝術節的個性。張哲龍表示，1920 精神就是要包容「怪裡怪氣」，具革命性，完全不預設立場，不會要求置入社會意識或政治性；且想像力要擴及同時代的巴黎蒙馬特、紐約或布拉格。

既然這個藝術節廣納敢作怪的藝術創作，接下來便可號召某些特定類型的人來演出，要狂要騷，不為其他藝術節容許的，就來吧。除了大稻埕戲苑有上百到 500 人座的空間，這裡的劇場空間都算小型，演出者如果要找親近觀眾的演出場地，就很適合來大稻埕開疆闢土。

日治時代，官方對民間自發活動持反對態度。大稻埕國際藝術節對望百年前精神，堅持只運用民間資源，堅拒公部門介入。當台北市政府聯繫市長要來參加藝術節公開遊行時，藝術節提前向市府說明，為保持民營色彩，市長若有意參加，請變裝跟大家一起遊行；還有不能上主舞台拿麥克風講話。這是藝術節的原則：來自民間，全然自由。文｜羅苑韶・圖｜蔣渭水文化基金會

　《專制強權．泥巴為證》一畫中，蔣渭水穿著光鮮亮麗的白色西裝，膝蓋上卻沾有日本小混混朝他丟的泥巴污漬，特意留念象徵其對日本政府專政的抗議。。

推狂騷——讓大稻埕再次引領風騷

蕭勝元

2015 藝術節主視覺設計
三月半有限公司設計師

⊙ 在大稻埕屈臣氏大藥房 2 樓的 ASW TEA HOUSE 英式茶館為三月半設計公司開設營運，共同創辦的 3 人身兼公司設計師，其中蕭勝元畢業自台北藝術大學劇場設計系，畢業後主要從事品牌和空間設計。雖不再涉足劇場設計，但因曾在劇場工作，至今仍有很多朋友在戲劇界，讓他一直近距離關心劇場。他和朋友一起開設的茶館是思劇場的鄰居，大家嚷著要做大稻埕國際藝術節的第一年，蕭勝元覺得有趣，當時「不是很刻意的狀態，大家就揪一揪。而且因為周大哥（周奕成）推動的決心很強烈，剛好在大稻埕的這群朋友，各自具備不同角色，可以擔負起不同的責任，就覺得可以一起試試看。」

以 1920 年代精神作出發，找資料的過程，眾人試圖理解到底如何具體描述 1920 的精神？一堆人想得苦惱。蕭勝元先後查找維

2015 年大稻埕國際藝術節的主視覺，以 1920 年代經典的裝飾性風格為設計靈感，利用華美的線條及奢迷的金屬光澤，重新喚起眾人對黃金時代的嚮往。（視覺設計 / 蕭勝元）

2016 年大稻埕國際藝術節以「一路狂騷」為主題，傳遞大稻埕不是只有迪化街！一起加入走訪阡陌縱橫的大小巷弄，在每個轉角發現藝術的驚喜，跟著共襄盛舉藝術節的人們「一路狂騷」（視覺設計 / 謝欣翰）。

左 / 2017 年大稻埕國際藝術節以「一起狂騷」為主題，重現「歷史上最為多彩的」、「咆哮狂騷的 1920 年代」，帶著自由奔放的創造力，交織出精彩又豐富的大稻埕國際藝術節！（視覺設計 / 蕭子強）

右 / 2018 年大稻埕國際藝術節以「一把狂騷」為主題，以路關紙指示遶境方向作發想，藝術節透過不同角度理解社會，激起各種創意靈感的碰撞，藉由一年又一年的累積，指向下一波台灣新文化運動！（視覺設計 / 林彥志）

基百科不同語言版本，先看英文，然後中文、日本，看到日文翻譯 Roaring 20 用的是漢字「狂騷」的 20 年代，大家覺得這二個中文字的意念符合 1920 年代的狀態。蕭勝元回想表示，他剛好看到這個資料提出來，大家認為合適，討論跟著熱絡起來，「狂騷」形象符合大稻埕藝術節要讓此地再度引領風騷的氣魄。

為藝術節設計主視覺，蕭勝元援引 Art Deco 風格，他解釋，在 Art Deco 多種樣式當中，其中一個容易辨識的特點是誇張、繁複的表現。依循這套美學脈絡，他設想尋找硬朗的字體結構。「硬朗且又大又粗，呈現霸氣。要搶眼，一下子就能傳遞又狂又騷的主旨。」

2015 年第一屆大稻埕國際藝術節「狂騷」中文字以多重線條表達誇飾，藝術節英文簡寫 TTTIFA 字母也以同樣方式處理。節目手冊封面取自形象影片畫面，52 頁內頁包括發起人的話、1920 變裝遊行，到藝術節

內容，分戲劇、音樂、展覽、講座、工作坊，還有導覽和市集活動，以及廣告，充分展現規模；演出節目有新製作，並已有美國、日本藝術家參與演出。

儘管把藝術節發起過程講得如同一切自然發生，但蕭勝元承認，工作時間很緊縮導致緊張。執行時突顯出大家對這件事情的想像不同，難免發生衝突。他回想並提出合理解釋說，節目最好可以盡早確定，製作節目冊的時間就不至於壓縮到抓狂的地步，更何況隨時在更改內容 .... 畢竟是第一屆，蕭勝元不願苛責，因為第一次做，很多事還在測試狀態，「但是聽說第二、三屆及往後也都出現類似狀態 ...」。這個年輕的藝術節，在有限資源支撐下奮力完成，七成以上資金自籌，藝術節整個月仰賴大量學生志工協助執行。

第一屆辦藝術節時，眾人戰戰兢兢，不敢懈怠。而後，每年策展和邀展形式嘗試有所改變，2019 年首度以聯合策展的方式，

一向擔任主導的思劇場邀大稻埕在地藝文工作者一起參與策展，蕭勝元認為這個方向是正確的：由藝術節主辦單位負責主導議題方向，將策展工作分出去，而不必攬下做所有事情。藝術節至今已經辦6年了，可嘗試以聯合策展的方式操作。

另外，關注品牌和形象設計的蕭勝元觀察藝術節幾年下來指出，10月藝術節期間，一直有個缺憾，除了變裝遊行和表演節目之外，整體環境和街區很難感受到藝術節的氣氛。就預算而言，要弄大型裝置藝術是有困難，但是如能固定和周邊學校合作，是較可行的辦法，比如藝術節主題訂出來後，聯繫校方帶駐埕藝術家進校園合作，辦工作坊。之後，將學生作品直接在大稻埕街區展示，可貼很多牆面。

如此數百件作品一次性拋出來的視覺整體感，不是一個藝術家可獨立完成，效果很明確。「現在已有學校參加遊行，帶來舞龍舞獅、打鼓等表演。藝術節可嘗試朝這方向發展，主軸設定之後，和學校溝通合作，將藝術帶進校園。幾年後，說不定學校內部師生可自動配合，接下來會變得較省力，連帶將整個資訊網絡擴得更大。」蕭勝元著眼未來樂觀的這麼說。

主導第一屆藝術節主視覺設計後，蕭勝元自第二年起僅擔任場地提供的角色，他持續主動關心，每年提前詢問了解藝術節的主題，一面看茶館可以如何配合。因為認識劇場生態，他和經媒合前來使用場地的表演團隊洽談，不收場租的情況下，不論是票房分成、或票價加入飲料而提高等等，藉由和團隊的溝通，找到符合對方需求的合作方式。像2016年，ASW TEA HOUSE 茶館在藝術節期間供3個團隊演出，合作方式各不同，讓他們享有在外面一般場地所沒有的彈性。

大稻埕國際藝術節至今打下「在地」基礎，蕭勝元正面肯定，他認為，主辦單位應尋思在這基礎上，選擇省力的做事方式，引進周邊的資源一同出力。

他勾勒藝術節未來藍圖，應思考如何擴大參與者，討論活動期間如何在街區營造視覺效果，達到促成更多人際互動。另外，固定和學校合作，讓小朋友參與集體視覺創作，如能有400名小朋友參與，想像他們可帶動的父母和祖父母的人數相當可觀；另外，也可考慮安排小朋友觀賞表演活動，為培養未來觀眾做準備。

2015年創辦藝術節之初，蕭勝元和一幫草創元老訂下「狂騷」為重現1920精神的代稱，一路沿用下來，每一屆美術設計則重做，不固定在同一形象。蕭勝元說，第一屆著重「狂騷」文字做為視覺主體，隨後「狂騷」多半結合圖像設計。他期望未來藝術節可辦個小型展覽，將每一屆海報、傳單、節目手冊排開來，讓人看到每年藝術節的軌跡，呈現出每一屆對狂騷的不同想像。文｜羅苑韶・圖｜大稻埕國際藝術節

2019 年以拼貼的主視覺呼應 1920 年代的狂騷精神，首度推出街區共同策展，邀請每一位獨特的你，共同開創充滿創造力的年代，這是人人手中長出來的藝術節，是屬於你我的藝術節！（視覺設計 / 林彥志）

我在地 × 我創作 × 我策展

在地共同策展的實踐

思劇場
卅原創藝術
地衣荒物

「人人手中長出的藝術節！」，這個號召一直縈繞在藝術節工作團隊腦海。藝術節開辦 6 年來的茁壯期，建立起在地居民劇場，社區協會也固定參與；更不用說，店家的藝文活動響應以及辦工作坊，增加與外來民眾的互動。藝術節持續思考擴大街區參與的作法，在 2019 年第五屆藝術節實現在地共同策展的理念。思劇場主導籌辦藝術節主題活動之外，邀兩個在地單位共同策展。

卅原創藝術雙人組黃俐瑋與張紹承前後到大稻埕工作有 5 年以上時間，兩人從事文化和劇場相關工作，天天在大稻埕街上出沒，不時和思劇場參與藝術節籌劃內容的林珣甄、高翊愷錯身，很自然的會聊各自手上的工作，熟悉彼此所長並互通有無。

2019 職掌策展工作的高翊愷力邀熟悉偶戲的黃俐瑋與張紹承、和青藝埕「地衣荒物」共同創辦人謝欣翰，借重他們各自熟悉的專長領域，為藝術節策展活動，各提出 3 個活動，大家一起決定在地共同策展系列的所有活動，創下共同策展首例。

卅原創藝術決定以「重返戲窟」為主軸，圍繞在大稻埕文化，以表演藝術的方式呈現。張紹承說，大稻埕貿易興盛時代，人們生活富裕穩定後，有安排閒暇時間活動的需求，在這個區漸漸發展出大大小小戲班子，慢慢形成戲窟。大稻埕戲窟好比西門町電影街，整條街都是戲院的概念。

黃俐瑋和張紹承一個大學念戲劇系、一個念戲曲學院，學生時代都知道大稻埕曾是戲窟的這段歷史，對於很多人完全不知道大稻埕這段過往，連戲窟一詞都沒聽過，頗感詫異。兩人首度聯手策展，端出創新偶戲、小劇場和金光布袋戲，要為大稻埕增添多元戲劇演出的活潑度，團隊包括台灣、日本和南韓的藝文工作者。

他們得知年輕布袋戲師傅郭建甫有意和日本藝術家合作，採用日本唱誦曲調配台灣布袋戲，已構思好幾年有了雛型。兩人決定和郭建甫（不貳偶劇）合作共製打造《道成》這齣戲，打破古典布袋戲彩樓的演出形式，運用現代劇場概念，演出創新實驗偶戲。作品挑戰舞台技術，將舞台和觀眾席對調，觀眾被邀請席坐舞台上，演出場

來自南韓春川的 26 劇團，描述 1945 年中國滿州，兩名被迫成為慰安婦的韓國少女期待回家的心情，精湛的演出令人動容。

來自南韓春川的 26 劇團，描述 1945 年中國滿州，兩名被迫成為慰安婦的韓國少女期待回家的心情，精湛的演出令人動容。

地在納豆劇場的階梯式觀眾席進行，創造出空間的美感，同時改變觀眾觀看的習慣。

黃俐瑋和張紹承兩人直呼不小心玩很大，在資源和人力有限的情況下，挑戰多多。兩人熟悉大稻埕藝文環境，由於是首次做策展又參與製作，加上很珍惜藝術節是民間自發性活動，一心想好好把握這個機會。結果演出吸引到平日不看偶戲的觀眾好奇

進來看，三場都滿座，獲得的觀眾迴響超乎兩人預期，令他們感動。尤其有總監級專業人士現身看戲，包括新加坡濱海藝文中心節目監製李國銘，並獲得第 18 屆台新藝術獎提名，在在令他們驚喜。

邀請來自南韓的 26 劇團則完全出於緣份。26 劇團的作品關心社會議題，2016 年起創作與軍事性奴隸（慰安婦）有關的故事，

隨後希望可帶到其他有共同經歷的國家。
他們的海外演出第一站選在台灣，當他們
發現大稻埕有棟「阿嬤家－和平與女性人
權館」，主動寫信詢問同樣位在大稻埕的
納豆劇場，希望可以來演出。張紹承說當
時 26 劇團自籌製作費，3 月到納豆劇場做
免費演出。導演要求增加一名台灣演員，
藉由當地國家演員帶觀眾進入故事。55 人
座的劇場幾乎場場坐滿，劇團的行動力令
人驚訝。

有感於台灣少見以劇場形式談軍事性奴隸
議題的例子，卅原創藝術決定邀 26 劇團再
到藝術節演出。26 劇團 10 月在大稻埕國
際藝術節演出二場《花路》，票券全賣光。
舞台呈現方式、燈光、和劇情做些微協調，
兩名南韓女演員淋漓盡致的演出，讓所有
觀眾帶著淚眼離開。

卅原創藝術另外安排彰藝園掌中劇團演西
遊記中的《火燄山》橋段，為藝術節敲響
熱鬧尾聲。首次參與策展，排出的 3 個節
目性質各個不同，年輕的黃俐瑋和張紹承
興奮之餘，難掩得意神色。

上 / 彰藝園掌中劇團 的《火燄山》，將傳統
野台戲加入更多當代元素，強烈的臨場感效
果令人印象深刻。

下 / 2017 大稻埕國際藝術節「大稻埕荒物展」
職人工作坊，邀請資深職人帶領參與者製作
木雕湯匙，感受專屬台灣的生活器物手感。

2018 大稻埕國際藝術節「荒物聲響裝置
展」，將鍋碗瓢盆與掃把竹籃化成聲響藝
術，敲打的聲音溫潤，喚醒記憶中生活裡這
些器物碰撞的聲音。

2019 大稻埕國際藝術節「質地有生｜布織維選擇展」，探討人們每天選擇接觸的布料，而其又帶來什麼樣的溫柔感觸，挖掘感官的新生，進而衍生新的生活選擇提案。

謝欣翰 2016 年為第二屆藝術節做視覺統
籌，直接參與藝術節工作團隊；他同年和
夥伴到大稻埕開荒物選品店「地衣荒物」，
盼能自台灣人早期常民器物的質樸，尋找
質地相輝映的當代工藝家作品，講台灣人
的風格；挖掘物件土地記憶的同時，發展
本土文化拾荒運動。

謝欣翰同時代理日本品牌的雜貨和配件，
還自己上陣拍商品照，是說他本人就是個
有型的模特兒！他做設計和活動企劃、開
店、做創作跨足劇場，出發點很簡單：「上
一代擁有資源的大人不理解你要做的事，
就自己創造舞台！」。

他給「荒物」下定義：未經琢磨的原始器
物，而不是古物、或別人不要的東西；另
外，符合自然素材和原始質地的原則，不
管新舊都算荒物。所以開店時，設定這不
只是一間商店，希望同時可以是個展演空
間。他強調新舊融合的選品展現職人的智
慧，然而買賣過程很難讓顧客了解他們的
用意，因此有了在店裡策劃展覽的念頭，
設計情境以展覽的方式解釋他的概念。

展覽突顯了大家已熟悉的日常纖維材質，以
空間裝置的方式引導觀眾重新感受，並思考
纖維對於生活的意義。

2019 大稻埕國際藝術節「行山｜紙纖維裝置展」，是樹火紙博物館以紙山裝置，形塑生命漸入山林的旅程，紙隨風搖曳而變形，如同人生路徑那般瞬息萬變。

2019 大稻埕國際藝術節「感織境界線」互動工作坊，透過互動與現場觀眾進行一場腦內實驗小劇場，感受並尋找專屬於自己的布織維。

30 出頭的他梳理出一套講台灣文化的方式，他認為 1920 年代台灣人受日本教育，但已成長出自己的個性，那是比中國還細膩的情懷，又較華人隨性。在台灣常民工藝裡可看到日本技法，可又沒那麼細，反而顯得可愛，對日本人來說像遇見很親切的陌生人。

大稻埕擁有豐富歷史，謝欣翰抱持謙遜的心情要和這裡有歷史的店家長輩們學習，

當他上門詢問出借街坊店家平日使用的器具時，對方往往不解這些生活用品怎麼當作展品？謝欣翰鍥而不捨，花時間溝通，去了解老器物在生活裡的角色用途，一心一意要探究民生用品裡的常民文化。

而後有了 2017 第三屆大稻埕國際藝術節的「大稻埕荒物展」及職人工作坊，為藝術節的展覽活動添生力軍。接著與藝術家紀柏豪的創作單位「融聲創意」合作，2018年在藝術節演出「荒物聲響裝置展」，透過日常使用的器物組合成一組一組的聲響裝置藝術。這個合作案隔年還到台北松山文創園區展出升級版。

謝欣翰 2019 年參與藝術節共同策展，分別與同在大稻埕的新型態布店「步野設計」及「樹火紀念紙博物館」合作推出兩大特展「質地有生｜布纖維選擇展」、和「行山｜紙纖維裝置展」，聚焦「布」與「紙」兩個元素。

行山展是紙纖維裝置，在中庭天井展出，紙隨風雨飄動，單純的紙讓人直接碰觸本質，自不同距離體會質地的不同狀態，單純的美感饒富詩意。

布纖維選擇展則展現布行的新世代年輕老闆，試圖開發人們對布料感知的新感官，設計各式場景展示不同布料，以編織、垂墜等變化形式，探討纖維的情感。讓我們驚覺平日對布料的認識太簡化，難想像店內一卷一卷布疋可以變換成什麼樣子，是否適合自己家中居家擺設需求？為重新定義布料質地，地衣荒物和步野辦工作坊「感織境界線」，引導民眾接觸布料，去碰觸、摩擦、揉捏、撕裂，從織品的不同狀態探索是否有悲傷的布料、怨恨的材質。

「如果我們可以感覺沒有生命東西的情感，一定可以感覺人類的情感，那我們就會成為有感覺的人。」謝欣翰經歷和步野合作的展覽和工作坊後，說出來的話像詩人。

學美術，他說自己從小就喜歡有機的偶然，對無法預測的形狀與顏色愛不釋手，自 2016 年起結合繪畫和表演，以視覺投影的方式即興演繹，發展出一系列利用油水分離原理的投影創作。2019 年大稻埕國際藝術節，他以創作者身份和舞者蔡青霖和自由書寫者吳季禎合作演出「液體光場」，謝欣翰的油水投影在思劇場，打造流動的情感，與舞蹈和文字、肢體和織品纏繞碰撞，訴求意識和肉身在與不在的思索。

思劇場參與藝術節草創，連年擔任策展核心；到第五屆，聯合卅原創藝術和地衣荒物等大稻埕在地藝文團體共同策展，三個團體對藝術表現形式各有各的想法，各自端出性質各異的菜，具在地性並符合共創的特質；提高邀展作品的異質性，強化了地區藝文工作者的認同和凝聚力，他們為人人手中長出的藝術節，做了最佳示範！

文｜羅苑韶・圖｜大稻埕國際藝術節

2019 年的《流體光場 Fluid Light Field》結合了油水投影、自由書寫與當代肢體的表演，模糊了沈浸式劇場與行為藝術之間的界線。

時空交錯、文化融合、充滿故事——
百年風華大稻埕，藝術靈感之泉源

導演
青睞影視負責人
葉天倫

葉天倫導演出身演藝世家，父親是知名導演葉金勝，母親是資深製片潘鳳珠。葉天倫身兼導演、演員、編劇、配音員等多重身分，也是青睞影視創辦人，所執導的作品從電影《大稻埕》、電視劇《紫色大稻埕》到《雙城故事》等，場景都環繞在大稻埕；2019 年《雙城故事》和《紫色大稻埕》在 Netflix 上播出後，更讓大稻埕映入 190 個國家觀眾的眼簾。

大稻埕宛如時光隧道，充滿老故事

葉天倫和大稻埕的緣分，從曾祖父那代就結下了，「我的阿祖、阿公和爸爸都是大稻埕人，小時候我雖然不住在大稻埕，但從小就常跟著大人來這裡拜拜，也因此對大稻埕有一種特殊的情感！」葉天倫說，1998 年參與電影《天馬茶房》的演出，是他長大後首次開始去試著了解大稻埕，並且對大稻埕產生濃厚興趣，而 2013 ～ 2016 年為電影《大稻埕》寫劇本及拍片時，認識了世代文化創辦人周奕成、營運長林曉雯、以及合勝堂中藥行第二代當家李興順等人後，他就更加發現大稻埕尚有許多吸引人的故事，於是便開始有意識地讓大稻埕成為他影視創作的其中一條重要路線；從早期的《天馬茶房》、《浪淘沙》、《矽谷阿嬤》、《大稻埕》到《愛情算不算》、《紫色大稻埕》、一直到《雙城故事》、《老姑婆的古董老菜單》等，青睞影視共推出了八部與大稻埕有關的影視作品，且一直在持續開發中。

對葉天倫來說，大稻埕就像一個時光隧道，「像我剛才從附近的停車場走入迪化街一段，經過永樂布市、城隍廟，再走到這家婉藝埕，明明就是在 2020 年的台北，但一進入大稻埕後，感受到的時空氛圍就完全不一樣，這種古今交錯的感覺，實在令人著迷！」葉天倫說，對於影視創作而言，「故事」是很重要的，而他只要走入大稻埕中任何一家店裡，去跟老闆聊上 5 ～ 10 分鐘、就會知道一個全新的故事，以及這些世居在大稻埕的傳統產業店家如何看待以前及現在的大稻埕、如何看待與大稻埕相關的影視創作，因此，大稻埕無疑是一個充滿老故事、好故事的創作泉源。

一個月前，葉天倫就在婉藝埕欣賞了一場結合了口簧琴、馬頭琴、呼麥、西塔琴和手碟的大稻埕藝術節系列表演－「異域漂流」，那種由不同時空、不同文化交錯出來的奇特場景，讓他至今回味無窮，「在大稻埕看到這樣的演出，一點也不會覺得奇怪！」葉天倫說，百年前大稻埕是北部貿易的重要進出口、中盤集散地，也是許多大企業的發源地，在那個年代，傳統產業跟當時的畫家、音樂家之間的距離是很接近的；而現在，大稻埕多了不少新創咖啡廳和文創小店，藝術的呈現則從畫廊、大眾化藝術活動到高端藝術都有，並且跟傳統產業、新創產業及街坊鄰居的生活自然地融合在一起，「這種藝術的大眾化，是大稻埕最讓我覺得興奮的地方，也是身為影視工作者的我從事創作時，一直想朝向的目標！」

葉天倫認識世代群負責人周奕成後，更加發現許多大稻埕吸引人的故事。

推動戲服體驗，邀請電影人到訪

2016 年拍完《紫色大稻埕》後，青睞影視曾在大稻埕的新芳春茶行舉辦了為期兩年的服裝及道具美學特展；近幾年也年年都會出借 50 ～ 100 套戲服讓大稻埕國際藝術節的工作人員或民眾參與走秀；今年為了更深地響應大稻埕國際藝術節，葉天倫在婉藝埕舉辦了「青睞年華百年戲服展」，將過去為拍戲而訂製的 450 件戲服整理出來，開放給遊客租借拍照。此次展出的戲服從民初服飾、客家服飾到日治時代學生的校徽皆有，「雖然只是戲服，但每件旗袍的滾邊和盤扣都是精心打造的；我們希望民眾看到這些戲服的細節時能夠發現，原來台灣影視是那麼認真地在看待『造型』

這件事,也希望大家能藉由體驗穿戴戲服,了解到台灣過往年代中的服裝造型曾經是如此華麗且風格強烈,並且從不同年代的造型去看到台灣文化的翻轉及演進過程。」

過去幾年在大稻埕國際藝術節中,葉天倫曾在永樂廣場以電影放映的方式來與大稻埕民眾交流與互動,而今年,他更把魏德聖導演、鄭有傑導演、資深演員陳淑芳及旅美導演陳敏郎等好友邀請到大稻埕來舉辦講座,讓這些影視工作者親身走近大稻埕、看見大稻埕現在的生活樣貌及大稻埕國際藝術節的繽紛多元。令葉天倫感動的是,魏德聖導演親臨大稻埕之後表示,大稻埕現在各類店家林立,行人、遊客熙來攘往的景象,正是他心目中對於未來想在台南後壁建立的「台灣三部曲歷史文化園區」的想像樣貌,也讓魏導對於在台南打

造影城更有信心!未來,葉天倫準備把更多電影人邀請來參與大稻埕國際藝術節,甚至考慮與金馬執委會在大稻埕合辦活動,希望在影視創作方面,為大稻埕創造出更多可能性。

看藝術節的未來: 應突顯地域特色,充分與國際接軌

2011 年就以電影《雞排英雄》榮獲「美國 GIFF 關島國際影展──最佳劇情片」的葉天倫參加國際影展的經驗豐富,曾應邀參與坎城影展、多倫多影展、釜山影展、金馬影展…等多項重要影展,其中令他最印象深刻的是 2011 年參加「沖繩國際映畫祭」的經驗。葉天倫說,以前參加電影節或影展時,主辦單位通常會把戲院包下來放映參展影片、舉辦媒體發布會和觀眾見

2020 年大稻埕藝術節於婉藝埕舉辦的「青睞年華百年戲服展」。

面會，「但令我驚訝的是，那年沖繩國際映畫祭的首映會，居然是辦在沙灘上！」他說，主辦單位在沙灘上搭建了大銀幕、大舞台、鋪了紅毯，參展嘉賓就穿著禮服走在沙灘紅毯上，觀眾們直接坐在沙灘上欣賞首映，而該次影展的主題「歡笑與和平」恰與沖繩的沙灘、陽光完美地結合在一起，「那種感官上的衝擊與震撼，讓我年年都想身臨其境！」

參與沖繩國際映畫祭的經驗讓葉天倫意識到，一個影展或藝術節要能吸引人，除了所選的作品要能充分反映當代藝術家對於這個時代的反思與表態，如何將藝術節本身的核心精神及地域特色充分地展現出來，也是相當重要的。在近幾年的大稻埕國際藝術節中，葉天倫看到精采的走秀、看到在地的逆風劇團藉由戲劇來讓青少年

發出心中吶喊、看到來自蒙古的呼麥、馬頭琴和來自原住民部落的口簧琴完美地交會，而在這些多元藝術活動上演時，他也看到道教、佛教、基督教、天主教等法事儀軌依然照常進行、中草藥、南北貨、布匹的買賣皆不受影響，並且與藝術活動自然地融合在一起，如此兼容並蓄又生意盎然的景象，讓他十分感動。葉天倫說，百年前，大稻埕的居民和藝術家們已為大稻埕打下良好的產業及藝術基礎，「如果能站在這個舊有的基礎上，讓傳統產業、宗教團體的強大能量多多與來自世界各地藝術家的強大能量在大稻埕國際藝術節中巧妙融合，並且將大稻埕獨特的文化氛圍和地域特色充分地結合進來，相信將會產生出屬於大稻埕獨特風貌、繽紛多元的國際藝術節，而且未來的路會愈走愈廣！」

畫家郭雪湖的《南街殷賑》畫作，為葉天倫帶來豐沛的創作靈感。

葉天倫邀請魏德聖導演、鄭有傑導演、資深演員陳淑芳及旅美導演陳敏郎等好友來到大稻埕舉辦分享講座。

看 1920 狂騷：為當代人帶來勇氣與靈感

談起百年前席捲大稻埕的「1920 狂騷」，葉天倫的語氣中充滿了熱情：「1920 狂騷是真實存在的，它曾帶給我不少勇氣與靈感！」葉天倫說，先前為拍戲而進行田調時，從百年前大稻埕藝術家的作品跟傳記中發現，當時在大稻埕的年輕藝術家們雖然面臨日本殖民的高壓統治，卻敢於衝撞世界，並且懷抱著可以改變現況的強烈希望，讓現實世界中經常扮演先驅者角色、從事開創性工作的他，從中獲得不少勇氣！也因此，葉天倫把 1920 狂騷寫入他的影視作品中，像電影《大稻埕》就是在講述一位找不到人生目標、惶惶不知終日的年輕人看了前輩畫家郭雪湖的《南街殷賑》

畫作，掉入時光隧道回到 1920 年代的大稻埕，從百年前台灣文化協會那群年輕藝術家身上學到勇氣、又把勇氣帶回現在的故事；而在《紫色大稻埕》中，則把百年前大稻埕畫家、音樂家、舞蹈家、劇場導演、茶行富二代玩在一起、齊聚在沙龍中喝紅露酒、臧否時事的景象，如實地呈現出來。

在葉天倫眼中，大稻埕是他創作靈感的重要泉源，他和妹妹丹青在撰寫電影《大稻埕》的劇本時，就是不約而同地找到郭雪湖老師的《南街殷賑》，然後一邊看著那幅畫、一邊寫著劇本的，「雖然事隔八十多年的時空，但仍然可以感受到那件藝術作品的強大能量！」後來，葉天倫甚至把《南街殷賑》中的場景大陣仗地在宜蘭傳藝中心真實重現，

以影視作品讓大稻埕被國際看見

葉天倫一直有個心願，希望有一天能有外國朋友因為看了他拍的影視作品，而來到台灣觀光。沒想到，這個心願就在去年達成了！葉天倫說，2019 年《紫色大稻埕》在 Netflix 上映後，他重新開啟該劇的粉絲團、並在大稻埕舉辦講座。其中一場講座結束後，幾位外國朋友上樓來告訴葉天倫說，他們來自澳洲，因為在 Netflix 上看了葉天倫拍攝的《雙城故事》而決定來台灣旅遊。完全不知道葉天倫當天就在大稻埕演講的他們，在樓下看到寫著「《雙城故事》導演葉天倫」的海報，就上樓來看看，沒想到真的看到他本人，那幾位澳洲朋友更興奮地猛拉著葉天倫拍照，也讓葉天倫深深讚嘆緣分的神奇！

2019 年底有朋友告訴葉天倫，看到日本著名藝術家奈良美智在 twitter 上分享他看《紫色大稻埕》四集後的感想，並且將奈良美智的推文轉給葉天倫，讓葉天倫看了十分感動：「沒想到，居然能藉由一部影視作品，讓國際級的藝術家注意到大稻埕，並且還把大稻埕和這部電視劇推薦給網友。將來若有機會邀請奈良美智來大稻埕一遊，或在此舉辦藝術講座，相信將會是一樁美事！」

隨著愈來愈多的作品在國際平台播出，葉天倫對自己的期許也越來越深，他希望這些影視作品能夠成為把台灣推向世界的一道道門戶，也希望有越來越多觀光客、藝術家能因此造訪大稻埕，與大稻埕的百年風華交會激盪。

而最後電影《大稻埕》也成功賣座兩億多元，「由此可見百年前那位 22 歲年輕畫家的畫作為後世的我們帶來靈感，所能產生的強大動能！」然而，令葉天倫惋惜的是，他發現大稻埕的中藥行、布莊等各種傳統產業，以及廟宇、古蹟、甚至南管樂班等都在持續地進行世代傳承，唯獨大稻埕曾經輝煌的藝術文化，卻未能有意識、有系統地傳承下去，未來，葉天倫除了希望把自己的公司搬來大稻埕，讓戲劇作品更加在地化之外，也希望能鼓勵更多在地及外地的藝術家來大稻埕交流、演出或創作。「大稻埕曾經有 1920 狂騷這麼好的基礎，讓人深深震撼！現在，我們已經承接及喚醒了大稻埕過往的部分藝術能量，未來，也將繼續從中擷取所需，並且努力往前邁進！」文│盧心權・圖│青睞影視

註：奈良美智是日本著名藝術家，2019 年以畫作《背後藏刀》在香港蘇富比拍出港幣 $1.95 億的高價，榮登日本最貴藝術家的寶座。

敢來秀——
不怕你又狂又騷

　珣甄念淡江大學法文系時，參加學校實驗劇團，認識應邀到社團演講的張哲龍，種下幾年後合作的契機。而後，林珣甄當過演員、做過藝術行政，到表演工作坊，擔任大腕賴聲川的導演助理，做的是進國家戲劇院的大部頭戲。進表演藝術圈子工作4年後，她決定出走，到法國，重溫法語，其實內心想的是投入歐洲表演藝術的環境，走訪法國亞維農藝術節、英國愛丁堡藝術節。在法國停留期間，一次隨著友人進入她根本已忘記名字的小鎮，那時正值夏季，小鎮那個週末正舉辦藝術節，林珣甄感受到小鎮居民同心協力，讓城市裡各個角落都出現藝文活動，這樣的氣氛和影像深烙在她的記憶裡。歐洲「巡迴考察」一年多以後，她回到台灣工作，屢屢向身邊友人提到歐洲夏季各地藝術節的情景，不論是大型藝術節或自發性地區性藝術節，都發出強大的感染力讓走進裡面的人主動想親近藝文。街角就發生藝文活動，讓藝術成為生活日常。

林珣甄
2015-2016 製作人
2017-2018 策展人
2019 策展顧問

高翊愷
2018 協同策展人
2019 策展人

1920 變裝遊行眾人響應，亦吸引許多國外人士前來朝聖，每個人都帶來對 20 年代的不同解讀，多元且熱鬧。

inTW 舞影工作室的《四氣五味 4X5》，是由「寒、熱、溫、涼」X「酸、苦、甘、辛、鹹」由四位舞者呈現的獨舞小品，伴奏間搭配著漢芳中藥行老闆的口白介紹，將漢藥化為現代藝術。

inTW 舞影工作室的《四氣五味 4X5》，是由「寒、熱、溫、涼」X「酸、苦、甘、辛、鹹」由四位舞者呈現的獨舞小品，伴奏間搭配著漢芳中藥行老闆的口白介紹，將漢藥化為現代藝術。

2013 年加入思劇團 Thinkers' Studio 團隊並經營思劇場空間，林珣甄參與當年大稻埕 1920 變裝遊行活動，協助蒐集大稻埕當天各地活動資訊製表，希望讓民眾趁遊行之便，多停留大稻埕去開發街區裡吃喝玩樂活動。她這才發現，大稻埕許多創業店家老闆出身藝文產業，街區間原本就有許多藝文活動，簡直像亞維農藝術節，老城區裡熠熠閃耀著藝術光芒。

一股蠢蠢欲動的欲望蟄伏林珣甄體內，

2015 年 5 月，她和思劇團 Thinkers' Studio 團隊在大稻埕一家料理店吃晚飯聊天之際，聊到為何不乾脆在大稻埕舉辦藝術節。她回想說，「只見昏黃燈光下，大家的眼神發亮有神，霸氣回應：『Think big，就算當做夢也該這麼做！』後來才知道原來周大哥（周奕成）也有辦文化節的想法。在蔣渭水文化基金會蔣朝根老師的支持下，一拍即合，就這樣叩合大稻埕 1920 變裝遊行的精神，2015 年大稻埕國際藝術節誕生了。」

她看清思劇場小小的，團隊只有幾個人，自有資源有限，不論辦的活動多優質，被看到的機率很小。一面覺得如果藝術節的作法可行，集結街區的能量，被看到的機率會比較大。林珣甄那時不到 30 歲，初生之犢大聲喊出想要做的事，應和周奕成提倡 1920 年代精神是充滿創造力的表現。看似臨時組軍的藝術節團隊，實際上有大稻埕 1920 精神的支撐，加上有行動力的年輕人，便一路狂騷下去。林珣甄 2015 起連續兩年擔任藝術節製作人，2017 年和 2018 年負責策展。她表示，第一年藝術節比較像是平台的功能，邀請街區商家在 10 月藝術節期間同步辦活動，然後將活動集結一起，加上年度變裝遊行，製作活動手冊、設立官網。

畢竟在大稻埕已很久沒有類似的全區性大型藝文活動，有些店家一開始對藝術節抱持觀望態度，漸漸的在第二年、第三年才較願意參與。參與店家從第一年的 10 幾間，5 年後擴大到 40 幾間店。

林珣甄找來一起玩劇團的大學同學高翊愷幫忙，參與藝術節行銷宣傳，他接著每年參與，在熟悉藝術節沿革發展和策劃內容後，到 2019 年接手策展。說話和做事一樣有條理，高翊愷侃侃而談藝術節在 2016 年採公開徵件的方式，然後為徵選來的團隊媒合店家找演出場地。這一年有 80 幾組表演團隊報名，經篩選有 60 組入選，共超過 200 場節目，每個團隊都至少有 2 場演出。「我們很驚訝，簡直嚇到了，因為那已很像藝穗節的規模！」

主動要來演出的團隊很清楚他們要做什麼，也懂得調整適合這裡空間的演出。剛開辦的藝術節很快獲得回應，高翊愷感覺責任感變重。尤其在活動熱熱鬧鬧結束後，他們聽到街區商家提出的疑問：表演團隊結束演出離開，在地店家實際得到什麼呢？不應在藝術

inTW 舞影工作室的《四氣五味 4X5》每晚呈現三支獨舞，外加一支複合配方，由現場觀眾把脈抓藥的趣味互動，隨機組合舞者們雙人、三人或四人群舞。

1920 變裝遊行活動不僅帶領人們回顧彼個輝煌年代，也衍生出大稻埕國際藝術節，將現代藝術與文化古蹟交錯結合。

《TTTIFA 駐埕藝術家計畫》大稻埕透過「國際」藝術家與「在地」產生連結與對話，完整體現「越在地越國際」的策展理念。

座落於大稻埕北街的廢棄水泥樓房，隨著菲律賓藝術家 Leeroy New 的繽紛龍尾巴喚起在地居民的想像空間。

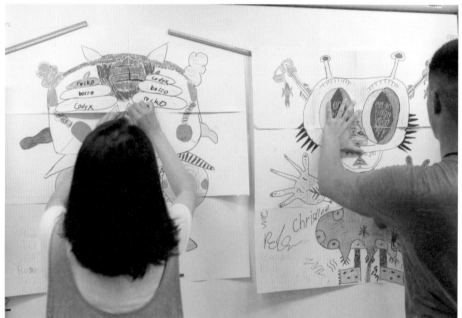

《駐埕藝術家計畫－大稻埕外星人》由菲律賓藝術家 Leeroy New 帶領太平國小學生們一起創作，以「廟會大型神像人偶」為題，從孩子的角度看到截然不同的世界。

節閉幕後，只留給商家待收拾的垃圾和混亂。藝術資源如何深入地方合作呢？這些問題促使藝術節團隊不斷思考如何在街區店家在地關係和藝術家之間取得平衡。

2017年藝術節再做改變，在平台功能之外，置入策展概念，希望能邀藝術家來大稻埕，結合在地元素、和地方人士互動創作，讓藝術節的節目連接到地方，讓地方有共鳴。

2016年透過徵件到藝術節演出的「inTW 舞影工作室」隔年提案打算運用中藥編舞。舞團由雙胞胎姊妹謝筱瑋、謝筱婷創辦，她們選擇以大稻埕看到並獲多重感受的中藥店做創作發想，要用中藥藥性和氣味的酸甜苦辣比喻人生，運用中藥的不同味道編串多支獨舞。林珣甄媒合聯通漢芳中藥行，帶創作者進去跟老闆和老師傅聊天、問問題，遍嚐各式各樣中藥，從中找靈感。舞作聲音設計還現場錄製老師傅念的中藥湯種歌訣，和中藥材切、磨、殼、包裝流程作業的聲音。

參加《駐埕藝術家計畫－大稻埕外星人》活動的學生們，融入外星人造型概念最終作出三個可操作的巨型偶。

舞作名「四氣五味」，這樣與在地連結的創作方式，在發表時再次將地方商家嵌進藝術節的脈絡。老師傅聽到演出播出自己聲音時，表現出害羞，彷彿他每天的日常被不成比例放大；但演出結束，看到觀眾掌聲表示欣賞時，又不禁洋洋得意，驕傲的認為能完成作品是他的功勞。

inTW 舞影工作室持續發展「四氣五味」，還帶到紐約演出。作品來自台北大稻埕，

與大稻埕店家一起發展，藝術節促成的美事，將台灣文化帶到海外交流。

連續兩年辦藝術節，林珣甄認為有必要自外部引入專業人士加入策展，2017年便與高翊愷共同邀請新加坡策展人來策劃駐埕藝術家，希冀藉由他連結國際藝術家。鄧富權引介菲律賓的 Leeroy New，這個個性

《駐埕藝術家計畫－大稻埕外星人》活動，
讓參與活動的學生們一起參加 1920 變裝遊
行，為遊行增添來自宇宙的驚奇亮點。

滾動傀儡另類劇場的《事物詩》，創作人林婷婷與趙七穿梭在大稻埕重新審視街區，並運用偶劇技巧說出故事。

像大男孩的藝術家，為北街一棟荒蕪的水泥外觀樓房，以五顏六色的塑膠材料製作龍尾巴。懸掛外牆的繽紛作品對比灰撲撲水泥的暗沉，在北街引發很多討論。居民覺得色彩漂亮，同時樂於看待有遊客停駐拍照。即便無法說明那掛在外牆的是什麼，但是大家已經關注到藝術作品進駐街區，生活其中並觀察與周遭環境的互動。

看到大家對 Leeroy 亮眼的作品很有興趣，林珣甄和高翊愷思索藝術節應要觸及更多不同團體，決定嘗試進校園做教育推廣，

便想到第二年再找 Leeroy 來。林珣甄表示，Leeroy 個性很好玩，帶他進校園和小朋友一起創作一定很棒。帶藝術家進校園的計畫，第一關要克服校長的態度。校長看到 Leeroy 身上多處刺青，很緊張，要求他進校園時要穿長袖，希望在小朋友面前可遮蓋他的刺青。經歷多次開會，高翊愷耐心向校長說明，在菲律賓，刺青反映一個人的信仰及家族認同，富有多重文化意義，才讓校長稍微放寬心。

校方正面看待這項合作成果，太平國小學校

| 2019 的駐埕藝術家計畫，邀請藝術家 Seldi 和 Cao 到太平國小裡捕捉校園裡日常的聲音。

紀錄寫說：「Leeroy 與太平國小 6 年 3 班學生共同發展一個屬於大稻埕的藝術作品，集體創作許多巨大的『動力偶』，共同創作的方式也讓學童更加深入理解大稻埕地區。利用三堂的工作坊慢慢將學童對外星人的想像拼湊起來，最終成為三個可操控的巨型偶，於 1920 變裝遊行時首度亮相。」

重點是，校長的態度轉為主動，開口邀約請藝術節隔年再帶藝術家來跟小朋友做活動，還要求拉長時間。藝術節 2019 年安排來自奧地利和越南的駐埕藝術家進太平國

| 藝術家 Seldi 和 Cao 與太平國小的學生們一同創作聲音藝術，讓藝術更為貼近人心。

小，邀小朋友協同創作聲音藝術。當他們進校園收集聲音時，校長全程參與，一路跟在一旁，跟小朋友一起對藝術家的動作做出同樣反應。高翊愷又高興、又感慨地說：「某種程度印證，只要花點時間耐心溝通，任何族群／團體都能參與藝術。」作為大稻埕國際藝術節的操盤手，林珣甄和高翊愷持續擴大自身眼界，思劇團 Thinkers' Studio 自 2017 年起積極參與國際表演藝術專業人士會議，如日本橫濱國際

表演藝術會議 (TPAM)、及曼谷國際表演藝術節（BIPAM），介紹大稻埕國際藝術節，對外拓展連結；林珣甄也持續往外到法國和英國，實習觀摩外國藝術節的操作，多方面交流。而高翊愷本人曾有國際志工的經驗，認識不少東南亞藝術家，到過越南、馬來西亞、泰國、菲律賓的藝術節，東南亞經驗豐富。

大稻埕國際藝術節自 2017 年起，邀請來自

2019 年駐埕藝術家泰國 Phitthaya Phaefuang，在他擅長的舞蹈表演中帶領觀眾認識身體語彙，探討日常的身體和扮演的關係。

菲律賓、新加坡、羅馬尼亞、澳門、泰國、奧地利、越南等地藝術家，每年至少有八個國家的國際藝術家參與。每年邀請二到三組駐埕藝術家則進駐大稻埕停留三週，他們探查自己的創作脈絡和當地的連結，發生在地關係，使大稻埕在他的藝術創作生涯裡留下印記。

林珣甄表示，我們每年都在思考，如何才能夠符合「大稻埕」及「國際」這兩個定位。「這是一個一直在做實驗的藝術節，不斷尋找什麼方式最適合大稻埕。」

2018 駐埕藝術家來自澳門的「滾動傀儡另類劇場」，便是透過橫濱表演藝術會議平台，讓林珣甄多認識他們的創作理念，他們追索生活物件背後的故事，在藝術節期間，舉辦工作坊，帶民眾穿梭街區蒐集社區裡可見物件，發掘其相對應的歷史，運用偶劇技巧講故事，從微型視角看大稻埕。

Date Myself × 步野 × 地衣荒物，合作策劃的「質地有生｜布纖維選擇展」，以類劇場方式呈現，將參與者的體驗化作一齣自我感官的腦內實驗小劇場。

他們的創作呈現出新舊相錯共融，交織出大稻埕今日風貌；也回應藝術節追求的目標：做為創作平台，希望藝術家能與地方街區有更深刻的對話，刺激創作能量與在地文化連結。

2019 年駐埕藝術家泰國 Phitthaya Phaefuang（暱稱 Sun）是優秀舞者，他近年創作主題在尋求性別表演的概念，企圖藉此抵抗保守的社會規範。大稻埕駐埕期間，他企圖嘗試以性產業為創作主題。在藝術節工作人員陪同下，Sun 在大稻埕區域做訪談，實地去看酒家，讓他的創作發想可發生取材在地的連結。大稻埕是他這個創作發想

的第一站，在藝術節發表時，他的性感表演，把觀眾逗得很樂，二場演出後都有 Q & A 時間，觀眾拋出很多問題，進一步刺激 Sun 思考如何在作品裡清楚呈現要傳達的理念。藝術節在此展現，提供年輕創作者一個試煉平台，創作經由駐埕和觀眾的回饋，刺激作品更純熟，過程與大稻埕藝術節的工作人員和觀眾分享。

2019 年藝術節首度推「在地共同策展系列」，由長年在地的商家團體策劃推薦節目。卅原創藝術策畫「不貳偶劇」和「彰藝園掌中劇團」、以及來自南韓的「26 劇團」，分別是偶戲和戲劇等三個節目；地衣荒物邀「步野設計」共同設計互動工作坊，樹火紀念紙博物館展出紙纖維裝置展，以及謝欣翰、吳季禎和蔡青霖三人揉合油水投影和自由書寫及肢體表演的演出等三個節目。不同策展人擴大了節目的經緯度，藝術節不斷實驗要投觀眾的喜好，又要超越眾人期待，在地協同策展展現大稻埕新個性，讓原本以為認識大稻埕的民眾瞭解到，原來這裡的街區巷弄裡還有更多驚奇等著去發現。

藝術節 2016 年以「由你手中長出來的藝術節」作為號召標語，強調自民間發起，也刺激募款；後來修改為「從人人手中長出的藝術節」，希冀擴大參與，讓藝術成為生活日常。經歷 6 年的演化和積累，有機成長轉變，熱鬧炫麗，除了劇場裡的製作，每年都可見到許多非典型的演出嵌入非正式的演出場地。

2018《戶外才華市集》重現大稻埕「戲窟」蓬勃發展的藝文活動，以片刻駐足與熱烈掌聲來交換表演好手的才華。

2017《戶外才華市集》召集隱藏於民間中的高手，毫無保留地為現場演出，交換人們停留的時間跟歡呼。

另外，2017 年連二年，訂 10 月最後一個週末封街辦「戶外才華市集」，廣發英雄帖，開放報名，每年有 20 幾組人來演出，為藝術節創下熱鬧尾聲。他們有的是音樂教室安排小朋友來演奏、退休阿姨彈古箏、也有新住民媽媽表演印尼揚琴音樂等等，全都是自發性參與，也都沒有酬勞。藝術節主辦單位後來認為，應把熱鬧戶外活動的火力集中到中旬的變裝遊行，2019 年決定將前兩年的才華市集併到遊行同一天。1920 變裝遊行的日期選 10 月 17 日台灣文化協會在大稻埕成立的紀念日前後的週末，因此每年固定在 10 月中旬辦理。

連年執行行銷宣傳的高翊愷每年 9 月在各級學校開學後，即到各地做校園宣傳，從國小到大學都去；一方面邀年輕學生來參加藝術節，同時也為招募志工。他提到今年到民權國中做校園宣導時，有個同學主動舉手說，去年還念太平國小時和菲律賓藝術家一起做作品，也參加過藝術節舞龍舞獅的活動。這位同學成了那場校園宣導的最佳代言人，以第一線參與的角度向大家介紹大稻埕國際藝術節，及和藝術家工作的經驗。高翊愷當下感動不已，一向只覺得做事很忙很忙，沒有察覺有民眾連續參與，他們也正默默回饋給其他更多人。

經過多年的成長，高翊愷期待每一年的大稻埕國際藝術節，都能慢慢擴大規模，但擴大的重點並不是節目規模或是參與人數。譬如 2019 年，就有兩組大稻埕在地單位受邀「共同策展」。「街區共同策展概念除了呼應這個民間獨立的藝術節所提倡的『人人手中所長出來的藝術節』，更多是為了將創作能量擴及更多在地單位，包覆更多的想像與面向。如此一來，我們期待在未來的世界裡，文化藝術不會再以數字來表現，創作與藝術實踐不會過度的譁眾取寵。」文｜羅苑韶・圖｜大稻埕國際藝術節

大稻埕起步走

培植女力的歷史基地——女性主義沙龍：平權再思考

大稻埕國際藝術節
女性主義講座發起人

林曉雯

大稻埕十九世紀晚期，茶葉對外貿易興盛，需要大量勞動力，帶動女性投入揀茶工作。二十世紀初，在大稻埕從事茶葉貿易的外國洋行和大陸及台灣本地大小製茶行共150家左右，旺季趕工時節，平均每天僱用女性茶工人數超過二萬人！商業發達吸引大量人口定居，帶動摩登事物的生成，例如第一家台灣人開設的西餐廳「波麗路」就在大稻埕，新文化和在地傳統文化百年前在此交會，激盪出新精神。

大稻埕國際藝術節女性主義講座發起人林曉雯，將大稻埕這段歷史指為「粉領族的濫觴」，她2008年和世代群進駐大稻埕，和周奕成對研究1920年代都有很大興趣。大稻埕除了茶葉貿易提供女性工作機會，資本累積催生城市消費文化和娛樂產業，於是有了藝旦，以及隨咖啡館而來的女服務生（女給）等新興行業。台灣文化協會

2017 年的女性主義沙龍已有不少觀眾前來參加。

| 2019 年女性主義沙龍邀請多位女性創業家前來分享不同的人生歷程，期許為在場觀眾帶來嶄新思維。

提倡男女平等原則，舉辦文化講演會、文化演劇、文化影戲、夏季學校等活動傳達婦女政策。台灣在 1920 年代掀起史上第一波婦女解放思潮，爭取戀愛自由，提出男女不平等等問題。

大稻埕可說是女性主義啟蒙地，林曉雯累積多年觀察指出，這裡像母系社會，女性有很重要地位。老闆娘撐起大稻埕事業半邊天，掌持家裡和家族的產業，在家族裡扮演重要角色，子女養成凡事問媽媽意見的習慣。

「這裡很多老闆娘很厲害，不論是攤販、或中藥、南北貨店家，我從她們身上學到很多。」林曉雯說：「她們各有各的智慧，女性創業和男性有些許不同，女性韌性夠、執行力很強。」

從 2012 年起先以讀書會的形式，揪人一起

讀經典理論，了解女性運動不同時期的論述演變。在思劇場辦系列讀書會，參加者主要是朋友和事業群伙伴，每次 10 多人，有時達 20 人。

經由讀書會的洗禮，大家開始醒覺平日沒注意到女性身受的禁錮壓抑，小從坐姿，大到母職的討論，社會價值強加在女性身上的規範，很多是女性自己從未提問，通常直接接受而不自知。感受到讀書會成員從中獲得力量，林曉雯 2015 年決定在第一屆藝術節架構下設置女性主義沙龍。2016 以後進入第二階段應用型，她認為讀書或許太生硬，女性要突破父權制定的框架，應從生活面開發理解，決定採實務解析方式，掀發新聞事件、電影故事背面隱藏對女生的歧視和不公。

林曉雯說，初衷是想要喚起意識，在生活中落實平權觀念。一般認定理所當然的事情經常隱含性別不平等，解構日常生活讓人看到習以為常的事物中權力不對等。女性主義沙龍接著成為藝術節固定的風景。

在大稻埕耕耘幾年下來，在地因素醞釀出第三階段的女性主義沙龍，林曉雯著手邀老中青不同世代的女頭家來參加。2018 年起連續兩年焦點放在大稻埕女性創業，受邀女頭家從 30 歲世代到 80 多歲，老一輩講述以前的遭遇，以及她們如何突破，對比今日女性創業遇到的問題異同。攤開不同世代的人生歷程路線，可看到社會對女性束縛的轉變，時代漸開放後，年輕一代又如何打造她們的一片天。

女性主義爭女性權益，也為男性爭取平等。2016 起邀男性加入，目前比例仍算小。林曉雯分析，年紀越輕的男性討論女性主義的接受度很高，他們很想知道女性在想什麼。

台灣成為亞洲第一個合法化同性婚姻的國家，越來越多性別與跨性別議題被重視討論。「為何在性別多元的現代，我們要繼續談女性主義？」林曉雯認為，女性主義從覺醒開始，歷經不同年代不同階段不同流派，自始至終，爭取的本質，就是「自由與平等之人權」。女性主義，從爭取兩性平權，至今有更大涵量，目的是讓所有受到父權壓迫的男性女性及多元性別，通通得到解放（男性也是父權體制下的受害者）。做為女性主義者，絕對是一個尊重多元性別，沒有性別偏見與歧視。文｜羅苑韶・圖｜大稻埕國際藝術節

幕後在地志工——串起社區參與熱情

大稻埕國際藝術節志工
張嘉莉

這一切的故事，都是因為一張「大稻埕 1920's 變裝遊行」的海報而開始的。

某一年在我家巷裡的洛酒館看到了一張海報寫著「變裝遊行」，很想看看是在玩什麼花樣，什麼是 1920 ？可惜那一年我沒能參加，而且我也不知道要變什麼，但是後來在 FB 看到我朋友興致勃勃的變裝成日本兵，還跟變裝遊行的大家拍照，覺得挺有趣的。

後來陸續地看到小藝埕、民藝埕、眾藝埕、合藝埕 …… 一家一家與眾不同的商品與氛圍的文創店，陸續在迪化街上開了起來，甚至還有書店、台灣物產店。而且還舉辦免費的講座，我也因為參加 1920 書店的講座而認識周先生，變成臉書好友。感覺上

| 2019 年藝術節向陽老師講座，在地多位志工協助現場活動。

周奕成先生帶進來很多以前我不太了解的台灣歷史與被忽略的大稻埕過往。讓我這位在地人深感慚愧，

2015 年的某一天，我又看到變裝遊行的海報，也看到臉書在徵大稻埕國際藝術節的志工，其實我不知道藝術節變裝遊行的志工要做什麼，但是我覺得我是在地人，對於巷弄店家都很熟悉，辦活動一定會有詢問處或服務站之類的，加上我跟我先生都曾經在國外唸書，我也不怕外國人問路，我先生是留日的，他還可以用日文帶路，於是我就慫恿我先生跟我一起報名參加藝術節的志工。

變裝遊行活動的當天，我才開始煩惱要穿什麼衣服才可以搭配 1920 年代呢？當志工也要搭配整個活動的氛圍才是呀。於是跑回娘家跟媽媽挖了一些首飾配件，我先生則是跟老爸借了一頂鴨舌帽。整個街區上好熱鬧好多人呀，大家都是自主性的來參加，我跟老公很盡責的在攤位上顧著無酒精啤酒，但是大家都去踩街遊行了沒有什麼人來買東西呀，於是我們開始跟隔壁攤位聊天，也互相捧場互相開市。

最後等到遊行結束，在人群之中，我終於看到藝術節的核心人物周奕成先生！本來以為可以跟周先生打招呼甚至拍合照

每年和周大哥一起向參與夥伴們致贈感謝狀，見證了藝術節的成長歷程。

發起人致贈感謝狀給辜公亮文教基金會執行長辜懷群老師。

的 …. 結果連說上一句話的機會都沒有，周先生被人潮簇擁著離開了 ….. 當天的藝術節工作人員看得出來很忙，我們很乖的按照時間的安排，有另一組人來接手我們才離開攤位，接著就去迪化街上跟大家湊湊熱鬧，到處走走逛逛，反正大家都變裝，穿什麼都不奇怪，到處都在拍照。

雖然後來藝術節工作夥伴有通知要我們參加志工感恩大會時，我們卻不好意思參加了，可能是我們自己想太多了，覺得我們也沒幫上什麼忙，而且都是年輕人，我們去了可能搞不好會讓人不自在呢！

後來真正瞭解大稻埕國際藝術節的精神與理念，是在 2017 年 10 月擔任周奕成執行長秘書之後的事了。2018 年 5 月，大稻埕國際藝術節已經開始要規劃節目、招募實習生及志工，我也跟著周執行長（後來都稱為周大哥）從募款到拜訪，有時還需要跟著去提案。當時就覺得既然是大稻埕國際藝術節，當然要結合在地店家與在地資源，還要讓在地人感興趣，希望能得到更多的認同，讓他們有參與感。

關於在地店家的人脈，這時候就是我可以發揮的地方了。我是一位嫁不出大稻埕的在地人，娘家與夫家都同樣在一個里，回娘家不用過紅綠燈。先生也是在地人，我們兩家都是太平國小的校友。對於所謂大稻埕、永樂市場附近、迪化街商圈，是再熟悉不過了。我的孩子也是就讀在地的太平國小。之前是太平國小家長時，我擔任家長會秘書，也是學校的志工愛

心媽媽，遇到很多都是熱心熱情的不求回報的家長。

大稻埕國際藝術節的工作團隊有分行政組、在地組 … 等等，我當然是加入在地組，運用我的人脈，掃街拜訪店家，尋求支援或贊助。要增加店家的參與感，其實不一定是金錢的贊助，場地的支援或物資的支援，我們都可以互利互惠的方式，在藝術節的手冊上或海報上增加店家曝光度。

一開始會廣發英雄帖，召開「公民藝會」，讓店家自己來報名參與藝術節，很多店家會提供一些提案。可能是跨品牌合作或聯名款商品等等，例如印花樂，大春煉皂、李亭香、霞海城隍廟都有做過藝術節聯名款促銷商品。

大稻埕國際藝術節是整個十月，幾乎每天都有節目，有講座、有展覽、有表演、有靜態有動態。當我們去募款尋求贊助時，有時候我們也會以節目回饋店家。有一年我們在藝術節的最後一天，在納豆劇場舉辦感恩音樂會，邀請在地長輩、店家、街區鄰里好友來聆聽演唱歌謠結束後，很多人跟我們說，如果不是藝術節，他們可能都沒有機會進到納豆劇場，而且很開心有機會認識周先生，終於知道大稻埕國際藝術節是在做些什麼。

還有辜公亮文教基金會，會贊助京劇表演，而且是在大稻埕戲苑表演。很多在地長輩，也是難得的機會到大稻埕戲苑看戲覺得這種機會真是太棒了，蔣渭水基金會也提供很好的節目：「音樂劇－渭水春風」，2019 年是請台灣中小企銀總行提供場地舉辦「楊三郎與楊三郎的對話」。畫家楊三郎的畫在台企銀一樓大廳藝廊展出，音樂家楊三郎的音樂，由蔣渭水基金會的蔣理容老師規劃音樂演唱，在台企銀的會議廳舉行。

記得當天藝術節的志工因為臨時增加工作，人手不足差點開天窗，我趕快緊急找了幾位太平樂齡學堂的志工來幫忙分裝伴手禮，當天的音樂會，演唱的曲目是楊三郎的作品。例如《孤戀花》、《望你早歸》、《秋風夜雨》、《港都夜雨》等。很多街區好友長輩們，都說好久沒聽到這些歌曲了，好感動好開心，而且是全場跟著哼哼

藝術節在地志工張嘉莉，拉著先生全家人一起熱情參與。

參加活動的社區長輩們。

公民藝會是大稻埕街區夥伴、在地店家鄰居等,大家一起共同參與討論,激盪並發動每年藝術節的節目內容。

唱唱,好像餘音繞樑,回到家都還在唱著歌那些歌呢!

周大哥常說「大稻埕是重逢之地」,藝術節的活動,連續兩年都讓我們驗證了重逢之地大稻埕呢。一次是 2019 年,在屈臣氏大藥房的小藝埕舉辦的開幕記者會,有一位來賓說的親戚是屈臣氏大藥房的李家,因為她很小的時候就跟爸爸移民到阿根廷,對於台灣她很少回來,想問看看是否有人認識,當場我們就幫她詢問到李家大哥,後來真的有約出來相見呢!

還有李日勝的頭家娘麗蘋姐,也是真心肯定與認同我們,李日勝還跟韋公亮文教基金會一起搭配藝術節的節目,看戲就送提

貨券，讓觀眾也可以到迪化街走走，順便採買其他商品。我也是後來跟麗蘋姐聊了才知道，原來李日勝跟我公公之前在生意上有往來，都是做食品南北貨的，還說，原來你是台南城伯的媳婦喔。

我也會去找我的爸媽募款，我爸爸捐款買藝術節票券，讓我媽媽去聽台企銀那場楊三郎的音樂會，那場音樂會真的讓這些長輩念念不忘，楊三郎的歌曲勾起了他們很多往日的時光，想起了他們的青春年少歲月。

我跟他們提到有兩個楊三郎，一位是作曲家，一位是大稻埕出生的畫家，他們都在大稻埕發光發熱，我們透過音樂、透過畫展來讓更多人認識台灣的名人。瞭解更多台灣也有這麼好的藝術方面的人才，只是被忽略被淡忘了。

這麼幾年下來，跟我們的親朋好友提到大稻埕國際藝術節的時候，對於周大哥相當欽佩，也很感謝周大哥這幾年在大稻埕做的這些別人認為做不到的事，因為他們透過參與節目，透過講座，透過活動，了解到台灣自己也有很多可以做到的事，這會是一場一場的文化運動，要讓國際可以因為大稻埕國際藝術節，看見大稻埕，看見台灣。

在我認識周大哥以及大稻埕國際藝術節之前，我對於身邊的事物不是很了解，也經常忽略。教科書沒有教的東西太多，就如同蔣渭水提出的，台灣人民患了「知識的營養不良症」，所謂中華民國美學也不是一天早成的，能夠舉辦這麼多年的大稻埕國際藝術節，要感謝的人實在太多，那就⋯⋯謝天吧～文｜張嘉莉

　　每年藝術節志工包括老中青各年齡層都有，在地的婆媽們，或來自各地國中、高中、大學、社會人士，每年都有新種子，也有很多資深志工一直延續。大家因為藝術節匯聚在此，成為忘年之交。

貳零年代，百年挑戰——
疫情下的
大島藝舟與再現代化運動

大稻埕國際藝術節工作室

2020 全球疫情下的大島藝舟

2020 人類世界遭遇 Covid-19 疫情重大衝擊，國際旅行中斷，許多城市封城。有許多藝術家在恐懼與困頓，或其他種種心理狀態下持續創作。臺灣防疫得當，舉世矚目，成為人類的大島方舟，似乎承載著某種人類希望向前航行。台灣創作者也需要反思這樣的幸運意義何在。

因此我們今年藝術節主題定為『大島藝舟 Island Ark of Art』，我們想要跨越各國，看看不同文化下的創作者們，在大瘟疫期間有什麼樣的創作力爆發。儘管疫情讓世界隔離，我們運用科技跨越空間距離，連結『全球藝情 Arts Reacting』，每年我們回顧 1920 年代精神，但今年有另一角度的回顧，那就是 1919 年西班牙流感對人類創造力的影響，人類展現的『世紀藝力 Arts Survived』仍然值得我們跨越時空長河，回顧省思。

今年距離 2020 剛好一百年，2020 年在現代化與全球化衝擊下，人類已經面臨許多挑戰，疫情爆發帶來國際政治經濟局勢更多未知的變化，所謂的『創造力』這件事情，是『人對環境挑戰的一個回應』，也就是環境挑戰越大，人要去回應，要去生存，或只是為了去理解這事情，去了解世界為什麼會變成這個樣子？光是這樣，我們就必須要去發揮創造力，要去回應它，1920 年代，是一個充滿創造力的年代，

　　〈歌劇魅影〉演唱者 Paul Whiteley，參與 2020 大稻埕國際藝術節。

1918 年那次的疫情，也給 1920 年代的創作很大的衝擊，回頭去看當時的資料，才發現有很多畫家、音樂家，他們都是 1918 年到 1919 年疫情的受害者，我們現在來到 2020 年代，創作者藝術家怎麼回頭看這次全世界的疫情，這是一件非常奇妙，然後也很難解釋的歷史巧合，我們又遇到了跟 1920 年代非常像的一件事情，就是這樣大流行病對人類的生存本身就造成挑戰，然後相信它也會刺激非常大的創造力，讓 2020 年代的人，變成繼 1920 年代之後，另外一個非常有創造力的世代。

『創造力』，對於『時代挑戰如何去回應』始終是大稻埕國際藝術節的主題。

2021 台灣文化協會百年

1921 年 10 月 17 日，蔣渭水等先賢在大稻埕創立臺灣文化協會，指出台灣人的天命即是促進人類文明，從此新文化運動蔓延全台灣。代表台灣現代意識的各類藝文創作更是蓬勃盛行，舉凡文學、美術、戲劇、音樂，皆匯聚於此。

臺灣與世界邁入現代的 1920 年代，是一個充滿熱情理想的年代。全世界的知識青年蜂起，爭取自由平等獨立。彼時的大稻埕，日治時期的台灣人市街，是台灣的商業與貿易重鎮，也是現代台灣意識的起源地，台灣文化運動的搖籃基地。

以戲劇領域而論，各式藝人聚集在昔日的新舞臺、永樂座、第一劇場，新劇、文明戲、京戲、歌仔戲、布袋戲不間歇地在此上演，讓大稻埕有百戲匯聚的「戲窟」之稱，更反映大稻埕確為現代台灣藝術文化總匯之地。

狂騷＝創造力

「狂騷的 20 年代」，這是日文漢字對英文「Roaring 20s」的譯寫。「狂騷」放在當代臺灣中文的語意，似乎比任何詞語都更適切地表達我們對上一個 20 年代的感受，也透露了我們對下一個 20 年代的某種預期。因此我們用「狂騷」作為大稻埕國際藝術節的主標語。

用「狂騷」，我們想說的其實是創造力（Creativity），那是最適切於標識 1920 年代的特質。狂騷的年代，看起來狂熱而騷動，表現爲各種各樣挑戰傳統的激進思潮與社會行動，但在近百年後我們回顧，發現其中最重要的質素即是當時人們對時代變化的回應。畢卡索、達利的繪畫，魯迅、芥川龍之介、海明威、費滋傑羅的小說，包浩斯學派的建築，甘地的不合作運動，葛蘭西的革命理論，陳獨秀的新青年雜誌，蔣渭水與文化協會的文化運動，皆是當時人們出於生命本質之創造力的驅動，對時代的不滿做出反響、反擊。

在臺灣，那個年代是現代臺灣認同初次形成的時代，也是臺灣人在世界之獨特使命初次被指認的時代。我們認爲，帶領新世代的創作人去認識理解那個年代，對未來的臺灣文化創造是非常重要的。

從更大的視野來看，今天整個人類所面臨的生存問題，其實都在世界進入現代化的 1920 年代就植下了根源。要看清 2020 年代之後人類的困境與出路，一定要回頭審視百年前的現代化之路是哪裡走對了，哪裡走錯了。質言之，我們關心的不衹是文

「大島藝舟」主視覺海報。2020 年，全世界籠罩在疫情之下，台灣因為防疫措施得當，民眾與政府團結，免於全球疫情影響，因而成為航道之中，承載著某種人類希望的「大島藝舟」。這一般方舟搭載著不同文化，在大稻埕的各個街區藝埕激盪，孕育創作爆發力，在相對黑暗的時刻展現「世紀藝力」，在名為「時空藝陣」的象限中，從藝術的角度思考未來（插畫／陳潔皓，海報設計／鄭媞方）。

藝而是文化，甚至不衹是文化而是文明。

大稻埕在 1920 年代是臺灣文化運動的基地，是最能夠代表現代臺灣精神的所在。我們再次以大稻埕作為下一波臺灣文化運動的基地，我們所想要表現、想要描繪、想要影響的對象，直指向 2020 年代之後的臺灣與世界。

從上一個 20 年代到下一個 20 年代，結合我的 20 年代與你的 20 年代，通過激發許多的創作累積而成為文化運動。新世代的藝術狂騷，經過時間沉澱，將成為思想文化的質地，這就是大稻埕國際藝術節的願景與夢想。

從 2012 年開始，每年 10 月我們發起舉辦 1920 年代變裝遊行，就是大稻埕國際藝術節的前身，也是每年大稻埕國際藝術節的高潮。2015 年儘管資源稀少，但在夥伴們熱情積極倡議下，我們一起勇猛而堅決地推動『第一屆大稻埕國際藝術節』。之後連年舉辦。2020 年，遇上全球人類重大疫情，我們依然堅持不中斷，主題「大島藝舟 Island Ark of Art」，在關鍵時刻，爆發更多創意能量，跨越疫情，跨越隔離。

回顧 1919 年至 1920 年的大瘟疫「西班牙流感」，全世界致死人數約 5000 萬人（各種估計有很大出入）。在台灣致死約 4 萬人。當年台灣人口約 400 萬人（大正九年普查）。當時台灣知識份子，包括最早學習現代醫學的蔣渭水先生，對這場大瘟疫感受極大衝擊。

在 1921 年成立「台灣文化協會」而展開的台灣新文化運動，其本質也就是一場「現代化運動」。台灣知識份子推動台灣人學習現代觀念，包括衛生、科學、人權等等。台灣人當時在日本統治之下，了解日本之進步乃是「明治維新」之功，也就是日本的現代化（近代化）。日本總督府在台灣推行的是「殖民現代化」，台灣知識份子想要推動的則是「自主現代化」。

一百年後的 2019 年至 2021 年，竟然又是全球大疫之年。台灣經歷百年的現代化，但在很多方面表現出「現代化未完成」的狀態。又有很多方面是走到「現代化歧路」的狀態。這使得 2020 年代必須成為台灣「再現代化」的年代。重新啟動 1920 年代「未完成的現代化」計畫；並從 2020 年代的眼光審視百年「現代化歧路」。

『再現代化 Re-modernizing』運動

為什麼在大疫之年必須談「再現代化」，「再現代化」才是防疫、抗疫、後疫的精神主軸。不只是台灣，而是全人類。

「再現代化」論述的基本立場，是肯定「現代化」。可以說是理性啟蒙進步的哲學觀。人類社會在 21 世紀遭遇的問題，幾乎都是「現代化歧路」或「現代化未完成」留下

的問題。氣候變遷、能源危機、國際局勢⋯都是。

是因為這樣，所以要有「再現代化」，矯正「現代到後現代」的錯誤，重拾「現代化」的熱情。「再現代化」的終極理想是「覺知的人」。也就是在俗世與超脫都能理解和實現的人性。

人類在全球大瘟疫中求生存的 2020 年代，就是「再現代化」的啟程。大瘟疫迫使現代人類社會進入極端條件。極端條件是破除常態，取消假設，直面真相。必須要在極端條件下，人類社會才可能有動力去反省「現代化」，激發創造力，推動「再現代化」。

2021 年，適逢台灣文化協會 100 週年，大稻埕國際藝術節呼應百年前台灣文化協會的「現代化」運動，當時的人們勇於對大時代面臨的困境提出挑戰，百年後，我們提出台灣需要再一波新文化運動，因此 2021 年大稻埕國際藝術節主題為「再現代化 Re-modernizing」，呼應百年前的「現代化」。百年後，我們仍需省思，需要「再現代化」，再一波的「台灣新文化運動」，思考現今文明普世價值，建構「再現代化」的精神與思想去前瞻未來。

畫家陳潔皓將台灣島嶼繪成科幻船艦，各種文化藝術角色的貓，活躍在這艘方舟上，用創造力為引擎動力，航向未來宇宙。

未來 在人人手中

大稻埕國際藝術節工作室

一切看似較預期提前，周奕成原本設定 2020-2021 年在蔣渭水發起台灣文化協會百年紀念時，開辦藝術節，結果遇見一群七年級（1980 世代）劇場年輕人，大家簡直沒多想，就擊掌合力率性的提前在 2015 年實現了！從零開始堅持民間自辦，自力更生的決心，讓藝術節持續保留初心，憑恃熱情年年接棒下去。它像有機體一樣，成長擴大、橫向串連並扎根在地。藝術節確立獨立性，並堅持永續經營，居民和店家看到了，認同度隨之提高。

大稻埕國際藝術節召喚 1920 年代的精神，那時大稻埕是世界上一個座標，對比台北城內是日本政府政經中心，多聚居日本人；大稻埕是台灣人的生活區，又因國際貿易有不少日本和外籍居民，是個洋溢國際氣氛的城區。俗諺「登江山樓，吃台灣菜，藝旦陪酒」，成立於 1921 年的江山樓引領台菜風尚和兼具飲食、娛樂和社會公共空間的酒樓文化；更不用說，文化協會訂在大稻埕成立，顯見此間往來人士涵蓋各階層，可以想見，大稻埕當時建立起相當程度的地方認同和驕傲。

對台北來說的「城外」，卻是文化智識人士、風雅名士的「中心」，大稻埕自顧自地向著世界開放，其間充斥多元創造力，讓百年後的後人津津樂道。

大稻埕國際藝術節要召喚 1920 年創造力蓬勃的精神，茁壯站穩腳步。藝術節草創期

「2019 大稻埕國際藝術節」駐埕藝術家計畫，駐埕藝術家與太平國小的學生們一起探索聲音的趣味。

菲律賓籍藝術家 Leeroy New 連續於 2018 與 2019 年參與駐埕藝術家計畫，分別為廢棄樓房創作藝術，以及和太平國小的學生創作外星人工作坊。

知名度不高，小額募款不易，周奕成攬下四處籌資的大任。思劇場團隊籌辦藝術節，發揮劇場工作者耐操、多能工的特質，團隊核心人員使命必達，無懼第二年就湧進200多個節目等同藝穗節的規模，繼續尋求變化，邀外部策展人帶節目進來，以及找外國藝術家來駐村。2018年起設「駐埕藝術家」，已有來自菲律賓、越南、泰國、澳門、奧地利、羅馬尼亞等國藝術家應邀來大稻埕駐地創作。

參與發起並擔任藝術總監的張哲龍，期許藝術節成立終年營運的常設組織，發揮強大的募款能力。年年參與團隊核心的林珣甄和高翊愷也持同樣意見，由於前幾屆每年約自5月起以任務編組的方式籌辦藝術節，隨著10月底落幕解散。理想上，最好能有固定組織，負責募款和行政統籌；藝術節期間與國內外藝術家及專業人士新建立的聯繫，才能延續。

來自澳門的滾動傀儡另類劇場與2018年參與駐埕藝術家計畫，在大稻埕的巷弄間蒐集故事並運用偶物道出一個個故事。

資金穩定很重要，前幾屆藝術節都堅持收受小額捐款，為維持獨立性，不收單筆大額捐款。儘管編列預算，然而資金是否能夠到位，有時藝術節時間近了都還不一定能確定。無法掌握資金，在招募工作人員時也很尷尬。大量招募志工，每年必須重新訓練新人。

2019 年成立大稻埕國際藝術節工作室，周奕成解釋，未來朝成立基金會的目標努力。

工作室為藝術行政單位，負責募集資金和行政工作。藝術節內容規劃仍設定由數個策展人或策展團體聯手合作，找來不同面向的創作者和節目。

負責第一屆藝術節主視覺設計的蕭勝元注重整體街區視覺效果，他認為可以透過視覺統籌讓藝術節的氣氛更熱絡。在資金有限的情況下，嘗試借力使力，比如邀請藝術家進週邊校園，搭配藝術節主題，帶小

來自澳門的滾動傀儡另類劇場與 2018 年參與駐埕藝術家計畫，在大稻埕的巷弄間蒐集故事並運用偶物道出一個個故事。

2019 年來自奧地利與越南的駐埕藝術家 Siedl/Cao 和太平國小學生共同創作聲音裝置。

朋友做工作坊。然後安排將學生作品直接在大稻埕街區展示，大量牆面貼上這些作品，呼應藝術節，可帶來強悍的視覺效果，連帶也能帶進學生家長參與藝術節，擴大宣傳和人流。

北藝大藝術行政與管理研究所所長于國華鼓勵大稻埕國際藝術節應創立整體形象，他認為迪化街老街沒有令人一看就能清楚指認的符號，值得好好思考，藝術節是否

能為大稻埕創造容易記得並了解，令人有印象的符號。

資金面和整體運作上，他指出，目前世代事業群較像幕後推動者，讓藝術節每年發展出自己的樣子。長遠來看，藝術節應由街區共同組織起來推動。街區店家和年輕人如果覺得它很重要，應自行組織動起來，不論籌錢或串連店家及更多年輕人，讓街區自己的組織來辦藝術節。當然這個組織

2019 年來自泰國的駐埕藝術家 Phitthaya Phaefuang（暱稱 Sun），近年來將創作聚焦在性別表演，並結合舞蹈。

要有包容和開放性，不能讓某些人私有化，違背藝術節的精神。

大稻埕在地經營南北貨或中藥材等老資格店家生意忙碌，在平日開店、關店的習慣節奏裡，如何與藝術節做連結？辦藝術節的熱血年輕人希望店家能夠提高自發性，例如在 10 月藝術節期間推季節限定等行銷活動，讓周圍街區一起製造出更多藝術節氣氛。不過，在大稻埕工作多年的黃俐瑋從自身經驗提到，要和周圍商家搏感情，不是很容易。必須一步一步的，慢慢透過平常互動，讓他們知道藝術節在做什麼，之後多半很樂意提供協助。

她的工作夥伴張紹承也說，幾年下來，店家投入藝術節的整體氣氛有明顯改變。一方面也因為有些第二、或第三代少年頭家接手，他們想為店家做些改變。情勢樂觀，接下來就看如何整合街區投入。

　　駐埕藝術家 Siedl ／ Cao 走進太平國小，透過互動與遊戲，與孩子們一起發掘聲音的可能性。

人人手中長出的藝術節，從這樣的概念出發，從未設定要擁有大量資金，不需要設備完善的場館，而是讓它發生在社區每個角落。張哲龍樂觀地說，年輕創作者自願來大稻埕開工作室，外國藝術家主動來找演出場地，應該是跟這裡的建築和歷史有關。大稻埕的藝術文化能量相當飽滿，藝術節可以說是凝聚了這些藝文動能。

如何讓大家都能參與，不只是演出，也參與策展、活動策劃等等，參與藝術節主辦單位核心的思劇場在第五屆開放在地共同策展，這個作法證實可行，將節目規劃主導權讓出給不同領域的藝術家來做，可做出不同內容。思劇場不排除慢慢從主導到輔助或參與策展的形式，讓更多人有機會加入發揮。

大稻埕國際藝術節如能強調創作者和地方、以及和社區三者共同創作的創意，可以創造很不一樣的體驗，于國華指出，如此一來可創造更多新的觀眾，來大稻埕找節目。周奕成也一再強調，邀藝術家來大稻埕創作，讓作品和街區有連結，累積數量形成文化厚度。有了文化厚度，便能產生思想，達成文化運動的目的。

藝術節六年來經費逐年提高，第五屆來到新台幣 450 萬元，募款並首度達標。周奕成明確指出，開辦起初就設定要永續經營，藝術節自民間長出來，估計需要 10 年、20 年時間，才會長成最成熟的樣貌。而大稻埕國際藝術節絕對有潛力成為台灣、甚至全亞洲最重要的藝術節之一。文｜羅苑韶·圖｜大稻埕國際藝術節

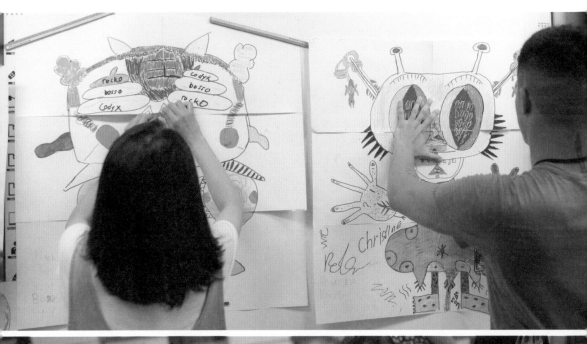

駐埕藝術家與太平國小的合作讓小學生們體驗不同於日常的課程，也讓家長開始關注起藝術，進而吸引更多觀眾來參與大稻埕藝術節。

附錄

歷年節目資訊

2012、2013、2014．大稻埕 1920 變裝遊行

2012 變裝遊行

2013 變裝遊行

2014 變裝遊行

歷年節目資訊

2015 年大稻埕國際藝術節

01

節目名稱：現代戲劇《死刑犯的最後一天》
表演單位：褶子劇團
導　　演：張哲龍
演　　員：陳以文、朱芷瑩、黃建豪
地　　點：思劇場

每個人都被宣判了死刑，只是無限期緩刑而已，面對已然倒數的每分每秒，孤獨之中要怎麼跟自己道別，被迫趴下，槍響之後的一切問題就煙消雲散了嗎？知名電影編導陳以文，因法國文豪雨果小說《Le Dernier jour d'un condamn》（某個死刑犯的最後那一天）的啟發，編寫了台灣死刑犯與其朋友、親人及獄中人物的悲歌。

02

節目名稱：日式單口相聲落語《南街振語》
表演單位：笑福亭べ瓶（日本）、戴開成
地　　點：思劇場

日式傳統曲藝「落雨」（日語：PAKUGO）在江戶時代繁華的巷弄間發跡，以口耳相傳的形式流傳至今，由獲得 NHK「新人落語大賞」優秀獎項的笑福亭べ瓶與台灣落語表演者戴開成豪華共演。重現在大稻埕畫家郭雪湖《南街殷振》中市井小民忙碌紛擾、人潮川流不息的繽紛景象

03

節目名稱：京戲碰老戲－凌珂說演《瓊林宴》
表演單位：本事劇團
製 作 人：邢本寧
演　　員：凌珂、劉稀榮
地　　點：思劇場

「本事劇團」編劇邢本寧與天津「元聲京戲坊」坊主暨「梅花獎」得主凌珂共同製作，打造全新的京戲「說書劇場」，凌珂闡釋東方表演精妙處，以現代的角度回看老京戲的詩意美學。

04

節目名稱：漫才《達康.come 笑藝埕》
表演單位：達康.come、馬丹娜
地　　點：思劇場

漫才、短劇、歌唱故事樣樣來，一起用笑浪衝擊百年老街，笑到蔣渭水都聽到。

05

節目名稱：第十七屆台北文學獎
　　　　　舞台劇劇本首獎作品《海》讀劇會
編　　劇：李憶銖
導　　演：陳信伶
地　　點：思劇場

以「家」為主題，寫家庭中的成員各自為政、漠不關心，顛覆了一般人對「甜蜜的家」的概念，最後一家人去看海，但是始終沒有看到海。「海」的意象似乎是整個家庭再度美滿的可能性，從一個家庭出發，到一方永遠到不了的海。

06

節目名稱：混種電音《三牲祀》
表演單位：柯智豪、黃凱宇（fish.the）
　　　　　鄭各均（sonic deadhorse）
地　　點：思劇場

延續藝閣多元展現、敬拜天地的精神，以台灣音樂圈三大金獎製作人黃凱宇、鄭各均、柯智豪自行創作的音樂為主軸，協同天語公社、民俗顧問許泰英歷時一年半採集三牲獻藝，開拓全新電子音樂的視野，將台灣三百年廟會歷史中所累積下來的美學結合現今語彙，透過跨領域合作激發新靈感，使更多人重新擁抱屬於我們的文化。

07

節目名稱：美式爵士《寶島賣藥秀》
表演單位：泥灘地浪人（美國、英國、台灣）
地　　點：URS 127 玩藝工廠：

敘述 1900 至 1950 年間在台灣與亞洲流浪的小販、遊民、江湖樂手的故事，混合爵士、swing、ragtime、藍調、鄉巴佬弦樂、航海小調等多種音樂形式，「賣藥秀」指的是美國 19 世紀中至 20 世紀初所流行的一種熱門巡迴娛樂秀，經常利用熱門樂曲吸引觀眾，並且販售各種靈藥，將歷史奇想混搭復古樂聲，難以抗拒的旋律譜出各種離奇、動心、逗趣的逸聞軼事。

2015 年大稻埕國際藝術節

（08）

節目名稱：日本音樂家《馬場克樹"爸爸桑"》
　　　　　個人演唱會
表演單位：馬場克樹"爸爸桑"（日本）
地　　點：聯藝埕－孔雀中庭花園

日本音樂家馬場克樹"爸爸桑"，將台日民謠舊曲新編，在台版日式巴洛克建築的孔雀迴
廊花園彈唱，傳盪過往民間情調。

（09）

節目名稱：《埕市意象》油畫特展
表演單位：施正文
地　　點：福來許

一位土生土長的大稻埕人，成長、求學、工作、結婚都在這裡。"好色"的施正文老師
把所見所聞用他最熟悉的畫筆綻放出來，以大稻埕的多元建築、亭仔腳的光影、過路客
的蜻蜓點水......帶你進入埕市意象。

（10）

節目名稱：《三明治工實驗室》創新公益展
表演單位：蔚龍藝術有限公司（URS 127 玩藝工場）
地　　點：URS 127 玩藝工場

展覽是一個閱讀平台，讓觀眾閱讀到各種創新工藝的可能性，將藝術結合公益，透過展
覽讓社會大眾認識、接觸社福組織。

（11）

1920 變裝遊行

台灣與世界邁入現代的 1920 年代，是一個充滿熱情理想的年代，彼時的大稻埕是台灣的
商業與貿易重鎮，也是現代台灣意識的起源地、台灣新文化運動的基地。藉由 1920 變裝
遊行，我們穿越時空，走過大稻埕的大街小巷及歷史街區，再次瞭解我們所生長的這塊
土地，傳承那些即將被遺忘的動人故事。

（12）公民藝會 2015

串連大稻埕的居民、耆老、商家，邀請大家在大稻埕國際藝術節的年度規劃會議中提供
意見，每一位都是大稻埕藝術節的夥伴，這是「從人人手中長出來」的藝術節。

（13）藝術家派對 2015

回望、展望，藝術家在輕鬆愉快的氣氛中，交換彼此在大稻埕國際藝術節中所經歷的思
考斬獲與身體記憶。

（14）節目名稱：《愛情算不算》電影講座
　講　　者：林君陽
　講座地點：台北市大同區迪化街一段 329 號

（15）節目名稱：《世界與大稻埕》閉幕講座《邱坤良－如果台灣是劇場》
　講　　者：邱坤良
　講座地點：合藝埕

（16）節目名稱：《挑戰》－劇場大師與新秀的對話
　講　　者：李惠美、林欣怡
　講座地點：思劇場
　劇場界的大師德高望重，高深莫測；劇場界的新秀摩拳擦掌，蓄勢待發。存在於兩者間
那道因為害怕碰觸彼此而築起的高牆，總是讓新舊世代出現斷層。這次，就讓我們打破
圍籬，敞開心房，用世代交流作盔甲，薪火相傳為武器挑戰吧！

（17）節目名稱：《女性主義沙龍》女性電影閱讀
　發 起 人：主持人：林曉雯
　主 講 者：詹璇恩、吳洛纓、莊又鋐、薛赫赫
　講座地點：眾藝埕

2016 年大稻埕國際藝術節

01

節目名稱：《Besac-Arthur 世界唱遊分享音樂會》
演出單位：Besac-Arthur（比利時）
演出場地：Barry&Gabriela's 小酒趴

只用一種語言認識世界，對我而言是很大的賭注，其他元素讓我能與全世界的人結合在一起，歌曲與影像在這世紀是傳播的平台，一種語言、一首歌、一個紀錄。

02

節目名稱：《快樂嗎？諾拉》
演出單位：InTW 舞影工作室
演出場地：納豆劇場

舞碼靈感來自於翻譯小說《不存在的女兒》，描述一位醫師丈夫為自己的太太接生雙胞胎，卻發現其中一位女嬰患有唐氏症。為了不讓妻子面對此悲劇，醫師謊稱女兒一出聲便夭折，並私下請愛慕自己的護士把女嬰送至養老院。多年後，醫師與護士重逢……

03

節目名稱：《眾声相》
演出單位：MAFIA 跨域藝術
演出場地：稻舍 URS329

即興音聲 × 繪畫 × 小物件，一場試聽聯覺的奧秘，相遇微米空間裡的浮聲掠影。悠遠質樸的口風琴、人聲吟唱和實驗電子樂共振；音響錯落在畫家耳朵、眼底，揮筆倏地成形；日常小物件在不日常空間裡的喁語；看高手在百年米店接力表演，在這裡，當觀眾不只是觀眾。

04 節目名稱：《女子話外傳》bouffon solo show
演出單位：Phi 表演工作室
演出場地：衣戲院

台灣首度 Bouffon 長篇 solo，用最直接的眼光、最曖昧的故事、最淫蕩的笑聲，讓你一直一直都很開心。Bouffon 有一種特殊的美感，就像是一塊剛用過的新鮮衛生棉，靜靜地躺在教室裏頭。它擁有最幽默的諷刺手段與精神，猥瑣地笑著對觀眾說：「你們都傻傻的，真可愛。」。

05 節目名稱：《Plastic City》
演出單位：Plasticity Theatre Troupe（馬來西亞）
演出場地：純純電影音樂咖啡

演出結合傳統皮影戲與嶄新的實驗方式，不只是單純的黑白影子戲。我們收集及撿拾來自大家所丟棄的各種塑料為創作媒材，讓我們生活裡平常不過的塑料用品以另一個姿態出現在舞台，讓物件本身說話，讓光線與各種塑料迸發出不一樣的視覺畫面與訊息。我們希望這屬於環境題材的演出可以與各個地方、城市進行對話。

06 節目名稱：《講唱崑曲〔玉簪記〕》
演出單位：大音雅集
演出場地：台北市社區營造中心

在傳統崑曲的主脈絡中，結合評彈說書、古琴彈唱，來探索潘必正與陳妙常兩人情愛糾纏的內心獨白。

2016 年大稻埕國際藝術節

07

節目名稱：《來去　丙申年版之亭仔腳ㄟ佛朗明哥》
演出單位：小野狂花樂舞合作社
演出場地：台北市社區營造中心

在大稻埕的亭仔腳巧遇來自西班牙南方的佛朗明哥演出，說學逗唱，故事高潮迭起，緊
張刺激，有時還需要觀眾幫忙解圍！

08

節目名稱：《水庸祭》
演出單位：天語樂軒
演出場地：台北霞海城隍廟口

以在地的城隍廟故事、傳說為題材，有聲響、即興音樂、視覺、舞蹈、口語藝術等各領
域的年輕藝術家參加，以類似野台戲的概念，為城隍爺精彩獻藝。

09

節目名稱：《劇 . 像 . 牧丹亭 2.0》
演出單位：台北崑曲研習社
演出場地：URS127 玩藝工場

在牡丹亭畔，柳夢梅、杜麗娘的故事重新被解構寫就，鏡像裡、外，虛實掩映，流轉出
人對自我及世界的無盡想像。

(10)　節目名稱：《睡美人洛洛》
演出單位：右邊有兔子
演出場地：衣戲院

你知道著名迪士尼經典卡通睡美人裡，主角睡美人的戲份總共只有 18 分鐘嗎？她的人生其實很被動，從出生那刻起好像只有吃飯睡覺和美美地躺在床上。睡美人應該也很想要改寫自己的人生吧！

(11)　節目名稱：《兩件》
演出單位：在劇場
演出場地：納豆劇場

《下面》在表層之下是安靜的、安全的，也是濕潤的、陰暗的。《再見吧！兔子》從一開始的滾草皮展開序幕，隨之發生的猜拳與遊戲，扮演著對於彼此亦敵亦友的關係。是遊戲也是輸贏、是共享也是對抗。

(12)　節目名稱：《唱·故事》
演出單位：克里夫
演出場地：ASW TEA HOUSE

每一個土地上發生的故事，都值得被流傳下去；也許無法得知最後的結局，透過音樂，我想把故事的脈絡分享給你們知道。

2016 年大稻埕國際藝術節

(13) 節目名稱：《唱歌的吉他》
演出單位：李雨軒
演出場地：森高砂咖啡

秋天的下午，來大稻埕走走，安靜地喝杯咖啡，聽聽簡單輕鬆的吉他吧！

(14) 節目名稱：《劇本農場III》讀劇演出 -《再約》
　　　　　　《出口請注意》《食用人間》
演出單位：阮劇團
演出場地：南街得意、孔雀歐亞料理餐酒館、
　　　　　稻舍 URS329

《劇本農場III》計畫藉由有計畫的劇本作家邀約與合作，讓更多與台灣當代緊密結合的劇本作品得以被創作、面世、製作，也讓在地的創作能夠透過如此形式做更有效地累積。本次帶來 2015 年的新創的三個劇本：《再約》、《出口請注意》、《食用人間》，結合大稻埕特色街屋呈現有別於以往的讀劇演出。

(15) 節目名稱：《自己跳跳看》
演出單位：明星花露水
演出場地：ASW TEA HOUSE

秋日下午，悠哉悠哉。何不就來到大稻埕的英式茶館，喝杯下午茶，聽好聽的音樂，看露露跳些會發出聲音的、瘋癲無邏輯的、媚媚的獨舞？

(16)

節目名稱：《茁壯的種子》
演出單位：花響鼓樂團 - 種子表演團
演出場地：愛寶堡

種子透過吸收足夠的養分和陽光，才能漸漸地發芽、成長，進而開花結果。

(17)

節目名稱：《生活 生命／生活 生命—
　　　　　碎布的藝術再生計畫》
演出單位：陳珈汝
演出場地：大稻埕旅遊資訊站

從創作的過程思考時間的流逝、記憶的綿延。以鐵水管為底，創作生命的意象。收集永樂市場裁縫後剩下不用的碎布，配合空間大編織於展覽空間。期待撿拾的媒材能訴說歷史、文化、個人記憶，讓作品與觀者有了對話的空間。

(18)

節目名稱：《映照》
演出單位：創造焦點
演出場地：URS127 玩藝工場

演出共分為四段，每段選擇不同元素呈現，除了結合地景之外，在空間的選擇上不再只局限於地面，觀眾的視覺取決於心中反射的樣貌，有別於以往的馬戲呈現。

2016 年大稻埕國際藝術節

(19) 節目名稱：《垃圾大富翁》
演出單位：貳作劇團 X 阿雞
演出場地：衣戲院

有多少被你視為垃圾的東西還充滿著價值？有多少被你徹底遺忘的東西被撿回來消費？
利用觀眾帶來的舊物進行互動性展演，和觀眾交換一段又一段的故事，希望我們都能藉
由此劇，找回珍惜的意義！

(20) 節目名稱：《想你音樂未來城》
演出單位：想你音樂
演出場地：行冊

讓大家了解並接觸全台唯一的 Reactable 數位電子音樂桌。

(21) 節目名稱：《超即興生活》
演出單位：新生一號劇團
演出場地：衣戲院

根據你的指令，演員將進行瘋狂刺激的即興演出：《死亡案件》裡破解神秘離奇的謎團、
《談情說愛》裡完美重現你的愛情生活、《超級音效》裡更需要你上台來幫我們完成不
可能的任務……沒有暗樁，絕無套招！每一場，我們都要你奪走我們的第一次！

22　節目名稱：《秋老虎咬一口》
　　演出單位：漫！！男塾
　　演出場地：行冊

師承達康漫才塾的搞笑新勢力，漫才新星「漫！！男塾」熱力登場！

23　節目名稱：《稻事你來說》
　　演出單位：稻舍 URS329
　　演出場地：稻舍 URS329

這是一齣大稻埕居民在自己土地上長出來的故事，前期邀請在地居民參與工作坊，將往日的街區歷史記錄下來，再將故事素材轉化為戲劇語彙，最後在稻舍百年老屋裡演出呈現。

24　節目名稱：《說國語》
　　演出單位：陶樂獅計畫
　　演出場地：思劇場

從陳又津小說《準台北人》出發，從新學習說國語，好好說出自己是誰。

2016 年大稻埕國際藝術節

(25) 節目名稱：《凶宅 II》
演出單位：嚎哮排演
演出場地：思劇場

窮途末路的兩位主角－馬豪與崔蕭，生為宅男所必須的物品都壞了：沒馬桶、沒網路、沒遊戲、沒食物，想捐精還被嫌品質差。只得迎來新房客，精液求金不成的兩人希望新房客可以完成他們取金的夢想。嚎哮排演為你精心調製劇場美國派，不僅打破第四面牆，更要一拳打爛你對人生的認知。

(26) 節目名稱：《笑料癒飯糰》
演出單位：達康 .come
演出場地：大藥房

失意的時候，心碎的時候，寂寞的時候，讓我們用滿滿的軟硬適中的垃圾話將你包圍吧！養兵千日用於一時，講垃圾話一世只為這次，首次純粹達康 dual 雙人秀，傾盡一生廢話功力，只為讓你笑翻過去。

(27) 節目名稱：《人民公敵。現在進行式》
演出單位：卜卜劇場（馬來西亞）
演出場地：思劇場

他們「現在進行式」：他們發現一些東西，好奇地把它們穿上、套上，他們於是擁有了身分與地位，以及名字。他們彼此接觸，有了故事，這個故事，叫做「人民公敵」。他們當下進行著那個來自 19 世紀的故事……進行著進行著，他們不禁產生疑問：「群眾」是什麼？人人都自由表述時，思想真的就獨立了？

28

節目名稱：《阿卡巴萊 Ace 計畫之維基音樂劇》
演出單位：A 劇團
演出場地：思劇場

什麼是音樂劇？為什麼這麼多人想做音樂劇？我們在如此艱困的環境下又該怎麼繼續？
阿卡巴萊不是一齣音樂劇，但我們要把我們所知道的音樂劇，用我們的方式，通通告訴
你。

29

節目名稱：《台日親善即興劇 · 冒險喜劇「
　　　　　　新民間故事～彩虹的彼岸」》
演出單位：清水宏（日本）X 戴開成
演出場地：行冊

日本的知名卡通人物「屁咔丘（ポコチュー）」亂入台灣的著名民間故事中！面對各種
各樣的文化差異、價值摩擦、歷史的錯位、歧視跟誤會以及語言的隔閡，「屁咔丘」到
底能否真正打動台灣觀眾的心，並遇到台灣之「魂」呢？

30

節目名稱：《再給我說個故事吧》
演出單位：何瑞康和被騙上船的夥伴們
演出場地：行冊

這是一場午後音樂會，演出內容是從何瑞康的音樂創作中挑選十首作品來呈現。作品的
視角從生活感觸到社會環境或耍廢、抱怨都有，所以可以聽到洗三溫暖的感覺。

2016 年大稻埕國際藝術節 ————————————————

(31) 節目名稱：《風華再現探戈行》
演出單位：CT 探戈四重奏（美國）
演出場地：大藥房 3F

1920 年代，當大稻埕正演變為台灣商業貿易最繁華的市街時，遠在地球最南端的阿根廷，她的探戈也正發展進入黃金時期，在歐美掀起狂潮。CT 探戈四重奏將在今日的大稻埕，帶您一起踏上 1920 探戈風華再現的旅程

(32) 節目名稱：《生活 Vivre》法國當代創作歌手
　　　　　　FHOM 音樂會
演出單位：FHOM（法國）
演出場地：思劇場

法國當代創作歌手 FHOM 的歌曲以詩入樂。他的曲風細緻、視野寬闊。聽他的歌像閱讀生命篇章，如同傾聽靈魂深處的對話。FHOM 以聲音航行，百轉千迴，好似帶領聽眾橫渡百川去到青翠彼岸、直抵狂喜的交界，最終達到生命的豐富與美好。

(33) 節目名稱：《ㄊㄅˋ架咖》大稻埕舞蹈工作坊
演出單位：壞鞋子舞蹈劇場與在地居民
演出場地：思劇場

藝術走入社區，讓壞鞋子舞蹈劇場編舞家林宜瑾帶著大家尋找「大稻埕在地身體語彙」！由兩位經驗豐富的師資，帶領著大同區在地居民享受著舞蹈與戲劇，並在其之間自在穿梭。課程中將透過與物件的交流中看見身體的各種可能性，透過戲劇的遊戲看見與人之間的關係，思考著當生命故事成為創作的動機來源時，藝術是否更親近人民呢？

34

1920 變裝遊行

穿上最復古的襯衫吊帶褲、挑一件最優雅的洋裝，打
扮成 1920 年代的人物。
1920 變裝遊行是大稻埕國際藝術節的重頭戲，邀請大
家一起打扮成喜愛的 1920 年代人物，穿越百年，回到
1920 年：世界的大稻埕。

35

公民藝會 2016

串連大稻埕的居民、耆老、商家，邀請大家在大稻埕國
際藝術節的年度規劃會議中提供意見，每一位都是大稻
埕藝術節的夥伴，這是「從人人手中長出來」的藝術節。

36

藝術家之夜 2016

回望、展望，藝術家在輕鬆愉快的氣氛中，交換彼此
在大稻埕國際藝術節中所經歷的思考斬獲與身體記憶。

37

節目名稱：台北讀書的時代—百年前城內與大稻埕的空間與思想
講　　者：蘇碩斌
講座地點：合藝埕 3 樓永樂春風茶館

38

節目名稱：【藝術節對城市的傾訴與想像】—大稻埕國際藝術節與兩岸小劇場藝術節
講　　者：于國華
講座地點：屈臣氏大藥房台灣物產 3 樓

39

節目名稱：《大稻埕與世界》時髦女伶‧流行女班 – 日治時期大稻埕劇場散步
講　　者：徐雅湘
講座地點：合藝埕 3 樓永樂春風茶館

40

節目名稱：《女性主義沙龍》打開女性光與能的自覺密碼
發 起 人：主持人：林曉雯
主 講 者：丁文靜
地　　點：民藝研

2017 年大稻埕國際藝術節

01

節目名稱：《TTTIFA 駐埕藝術家計畫》
策 展 人：鄧富權
藝 術 家：LeeRoy New（菲律賓）
　　　　　Daniel Kok（新加坡）

大稻埕透過「國際」藝術家與「在地」產生連結與對話，完整體現「越在地越國際」的策展理念。在為期至少兩週的時間裡，由藝術節尋求住宿、創作空間資源給國際駐埕藝術家，以各種形式使藝術家認識在地空間、藝術家、居民、資源等，並運用當地素材進行創作並記錄其創作過程。

02

節目名稱：《女神我》
表演單位：余政達
場　　地：森高砂咖啡館（黑美人大酒家舊址）

以一個 Party 的形式來作為表演模式，透過啟動對於觀光娛樂產業下身體樣貌與展示政治的討論，去逼視當代社會中最為赤裸地面對全球資本主義系統的身體政治議題。

03

節目名稱：《縫盜聲程遊：稻埕發聲》
策 展 人：陳思銘
藝 術 家：澎葉生（法國）、Nigel Brown（澳洲）
　　　　　張惠笙
地　　點：思劇場

藝術家探索整個大稻埕區域，並錄下當地的聲音，將這些錄音檔融入在表演中。這三人團體雖都居住在台灣，但對大稻埕並不熟悉，有如當年林藍田來到這，一個陌生人在一塊陌生的土地，藝術家將以局外人「嶄新的耳」去探索大稻埕並與她互動。

04

節目名稱：《外籍攝影師鏡頭下的大稻埕攝影展》
策展人
工作坊講師　：林道明
工作坊講師　：Andrew Kochanowski、Junku Nishimura
地　　　點　：URS 127 玩藝工場
　　　　　　：URS 27W 城市影像實驗室、Le Zinc 洛

邀請居住在台灣的外籍攝影師前來大稻埕街拍，看他們如何用攝影眼詮釋這充滿人文古蹟與傳統建築的地區。

05

節目名稱：《屬於城市的聲音—夜之大稻埕篇》
表演單位：音樂微光
策 展 人：楊蕙瑄
地　　點：台北城大飯店

說起那卡西與酒家菜，第一時間總想到北投，但其實在大稻埕也有相當精彩的故事。由新生代優秀音樂家們所組成的「音樂微光」爵士團重新詮釋並現場演奏懷念的聲音，現場搭配經典台菜與酒家菜晚宴呈現。觀眾透過體驗與聆聽，重新用另一種角度看待藝術，以及屬於我們自己的城市。

06

節目名稱：《下人》
表演單位：卜卜劇場（馬來西亞）
導　　演：程守明
地　　點：納豆劇場

自覺受到主人長期壓迫的下人們，平時愛玩扮演女主人的遊戲－他們稱為「儀式」來克服心理的不滿。然而長期的「扮演儀式」漸漸影響了他們，讓他們有時甚至忘了自己是誰。有一天，他們漸漸產生了更瘋狂的想法－把主人們除掉⋯⋯

2017 年大稻埕國際藝術節

（07）節目名稱：《找天抽空和嬤嬤抽一口煙》
表演單位：三木劇作（香港）
編劇／導演：林倩嬌
地　　點：思劇場

一個關於難民和家、失去和盼望、人的故事。

（08）節目名稱：《四氣五味 4X5》
表演單位：Intw 舞影工作室
作品發想：謝筱瑋、謝筱婷
地　　點：納豆劇場

「寒、熱、溫、涼」X「酸、苦、甘、辛、鹹」由四位舞者呈現的獨舞小品。每晚呈現三支獨舞，外加一支複合配方，由現場觀眾把脈抓藥的趣味互動，隨機組合舞者們雙人、三人或四人群舞。讓藝術以更輕鬆有趣、具創意性的方式呈現，也挑戰舞者們的臨場反應與默契。

（09）節目名稱：《我歌我茶》行動舞譜工作坊
表演單位：梵體劇場
編劇／導演：吳文翠
地　　點：新芳春行

「啊啊啊～為何腳步沉～啊～為何感情重」迷霧深重的淡水河啊，生活在這座城市，我們看不清光所指引？我們的城市，是什麼樣的城市？循著霧中之光，我們又該如何追尋、踏出堅定的腳步？「都市的夜　是悲哀的歌聲　自己的所在不知要安怎走」《我歌我城．河布茶》以七首台灣歌謠之精神作為骨幹，以台灣植物群像及傷痕歷史作為肢體／形體的銘刻創作元素。大稻埕的茶人與布人面對籠罩城市的歷史迷霧，該如何透過迷霧中的微光走出去？「我是真不願～我是真不願　死嘛欲死置這」

⑩　節目名稱：《大稻埕遇見吉人聲Ｘ天生如此》
　　表演單位：吉人聲樂團Ｘ天生如此
　　編劇／導演：高偉恩
　　地　　點：思劇場

大稻埕遇見吉人聲｜世間的相遇都是久別的重逢，我們這一場音樂會挑了很多不同曲風
的歌曲，我們與這些歌相遇，這些歌與我們相遇，我們和歌曲之間相遇然後蹦出火花。
天生如此｜性別是種命定，認同是種選擇，看似自然的道理，是統計及演繹的結果，若
是不明於此，我們將天生如此。

⑪　節目名稱：《大稻埕荒物展職人工作坊》
　　表演單位：地衣荒物
　　製作團隊：謝欣翰、黃健濤、楊詩音、李茗哲
　　地　　點：Ｔ地衣荒物

荒物，是指粗糙原始的生活器物，使用純粹的素材跟傳統工藝的手工製品，比如竹編的籃
子、木雕的湯匙、鐵製的鍋碗瓢盆、陶瓷的茶具等等。大稻埕匯聚了許多老職人的傳統工
藝，也從世界各地進口許多樸實的荒物在市井街頭販賣，百年來陪伴了台灣人的生活起居。
地衣荒物集結各種不同的台灣荒物在大稻埕展示，並邀請多年來深耕大稻埕的資深職人們
親臨現場舉辦工作坊，帶領大家更了解台灣的生活器物，感受屬於台灣人的荒物足跡。

⑫　節目名稱：《大稻埕在地舞蹈劇場計畫》
　　表演單位：壞鞋子舞蹈劇場
　　製 作 人：林珣甄
　　共同編創：林宜瑾、黃鼎云、廖晨志
　　參與計畫：王珈容、沈育如、李怡芬、林雪琪、施志平
　　在地民眾：查珮怡、張依琳、翁湘雲、陳喻枚、許永暄
　　　　　　　游添明、廖巧媛（依姓氏筆畫排序）
　　地　　點：永樂廣場

「大稻埕舞蹈劇場計畫」以社區舞蹈劇場工作坊的方式，邀請大稻埕在地居民免費參與，
讓藝術家從社區生活與歷史脈絡中和參與的民眾共同創作，從中認識在地居民的故事，
並由在地居民擔綱演出真正屬於大稻埕的故事。

2017 年大稻埕國際藝術節

(13)
節目名稱：《人文編織：
　　　　　　與情感一起過好的生活工作坊》
表演單位：FHOM（Jean-Marc Lhabouz）（法國）
地　　點：思劇場

人際互動縫綴關係，也編串我們的生活

(14)
《時空劇場－ 1920 變裝遊行》

那是個什麼樣的時代，會讓人一再回味？ 1920 為日治
時代的中期，也是大稻埕最風光的時代。大稻埕國際藝
術節邀請不曾經歷那個年代的你我作伙來扮裝，穿上旗
袍、西裝或和服，帶上大甲草帽和洋傘，跟著我們踏入
時空隧道，重現那段自由奔放、充滿活力的熱鬧歲月。

(15)
《戶外才華市集》

我們的才華毫無保留地為你演出，交換你停留的時間
跟歡呼。

(16)
《公民藝會 2017》

串連大稻埕的居民、耆老、商家，邀請大家在大稻埕
國際藝術節的年度規劃會議中提供意見，每一位都是
大稻埕藝術節的夥伴，這是「從人人手中長出來」的
藝術節。

17

《藝術家派對 2017》

回望、展望，藝術家在輕鬆愉快的氣氛中，交換彼此在大稻埕國際藝術節中所經歷的思考斬獲與身體記憶。

18

系列講座

《戲曲、偶戲、現代戲劇與大稻埕》
講者：羅斌、葉玫汝、張哲龍
地點：納豆劇場

《東南亞的藝術經驗》
講者：鄧富權、羅仕東
地點：台北當代藝術中心

《雙埕計畫—串聯南北的民間獨立藝術節》
講者：吳維緯、高翊愷
地點：迪化 207 博物館

《性別、政治、藝術與娛樂》
講者：余政達
地點：思劇場

《經典劇本因應社會脈動之詮釋》
講者：于善祿、程守明、楊景翔
地點：納豆劇場

《無牆劇場—與素人社群共創的經驗》
講者：林珣甄、貢幼穎、林宜瑾
地點：稻舍 URS329

2017 年大稻埕國際藝術節

(18)

系列講座

《纏 盜 聲 程 遊：稻埕發聲》藝術家面對面
講者：陳思銘、澎葉生、張惠笙、Nigel Brown
地點：阿嬤家：和平與女性人權館

《四氣五味》藝術家面對面
講者：謝筱婷、謝筱瑋、林春輝
地點：民藝埕－墨中間

《從藝術創作到社會實踐》
講者：陳愷璜
地點：思劇場

《女性主義沙龍》大稻埕的查某人－傳統與現代 老中青三代之女性差異
發起人：主持人：林曉雯
主講者：陳惠雯（大稻埕查某人書籍作者）
地點：合藝埕永樂春風茶館

《近看鄉里見真情：台北古城的美學經驗》
講者：廖仁義
地點：ASW TEA HOUSE

《民藝與民藝運動的時代意義》
講者：鄭陸霖
地點：ASW TEA HOUSE

《日常，非比尋常！》
講者：張良一
地點：URS27W 城市影像實驗室

《為什麼街頭攝影？》
講者：森爸
地點：URS 127 玩藝工場

2018 年大稻埕國際藝術節 ————————————————

01

節目名稱：《駐埕藝術家計畫－大稻埕外星人》
表演單位：Leeroy New（菲律賓）

第二年至大稻埕國際藝術節駐村的 Leeroy，延續去年結合在地元素的外星人作品，繼續深入探索台灣宗教文化的元素。以廟會裡的「大型神像人偶」為創作靈感，帶領大稻埕太平國小的學生進行集體工作坊，以共同創作的方式更加深入理解大稻埕地區。

02

節目名稱：《駐埕藝術家計畫－事物詩》
表演單位：滾動傀儡另類劇場（澳門）

澳門劇場創作人林婷婷與趙七與工作坊參加者一起穿梭在大稻埕的街區，搜集與社區過去現在有關的物件，發掘它們過去的故事或歷史，運用偶物劇場的技巧，以一個個小故事交織成大稻埕當代的風貌。

03

節目名稱：《駐埕藝術家計畫－大稻埕的 16 種聲音》
表演單位：Daniel Nicolae Djamo（羅馬尼亞）

Daniel 透過工作坊連結大稻埕的過去和現在，來開創可能的未來，並探討台灣可能面臨的異化和文化相互入侵現象。工作坊期間的文字和口白話最後化為紙張和錄音，以多媒體裝置來呈現工作坊的實驗成果。

2018 年大稻埕國際藝術節

(04)

節目名稱：《咲／枯／美》
表演單位：通羅藝術空間（泰國、日本）
地　　點：純純電影音樂咖啡

劇場導演 Nikorn Sae-Tang 與花藝工作者 Takashi Okito 共融出的複合媒材創作。觀眾經由沉思的過程，走進一個以生長與老去的對比探討生命本質的世界。

(05)

節目名稱：《澳門製造 2.0 Made in Macau 2.0》
表演單位：滾動傀儡另類劇場（澳門）
地　　點：納豆劇場

澳門劇場創作人林婷婷與趙七曾旅居捷克學習戲偶及另類劇場，期間在距離和文化差異中重新審視自己作為澳門人的身份，再透過偶物劇場分享給觀眾。觀眾可以在創作者的成長故事中窺見澳門從過去的製造業小城蛻變為國際旅遊城市的歷程，以及澳門的社會意識形態是如何成形與轉變。

(06)

節目名稱：《稻町來出帆》－大稻埕在地居民劇場
共同發起：大稻埕創意街區發展協會、思劇場

有緣、沒緣，我們在這，拿著吃飯的傢伙「鬥陣打拼」。我們都一樣，在這條船上一船仔漸漸要啟航⋯⋯咱作伙向前行。透過在大稻埕生活的素人們演出一齣屬於在地的劇，讓演員與觀眾都能再一次認識大稻埕。

07
節目名稱：《荒物聲響裝置展》
表演單位：地衣荒物 X 融聲創意
地　　點：地衣荒物

鍋碗瓢盤、掃把竹籃在生活裡是什麼聲音？這些聲音變成聲響藝術又是什麼樣子？挖掘我們土地中的聽覺記憶，進行既是演出也是實驗工作坊的生活器物聲響裝置展覽。

08
節目名稱：《回身》
表演單位：反面穿舞蹈劇場
地　　點：阿嬤家－和平與女性人權館

戰爭下的犧牲品，那些一段段說不出口的難堪過往，被阿嬤們當作秘密藏進塵封的鐵盒裡一個人守著。直到多年以後，她們展現如同蘆葦般的韌性與令人敬畏的勇敢，將這些生命的苦痛轉化為一幕幕溫柔。反面穿舞蹈劇場依據大稻埕「阿嬤家」的場域打造，結合博物館的展品，帶領觀眾穿梭在館內的不同空間與角落觀看演出，重新認識這段不該被遺忘的歷史。

09
節目名稱：《純純愛的祝福》
表演單位：純純的愛
地　　點：茶米露、元氣毛孩子、幻孫家咖啡
　　　　　歪樓樂高積木藝術空間、美好提案

帶來真實彼此與當下時空的感觸，共創演出者與觀眾「愛的渴求／被渴求」的狀態，在冷熱之間，對彼此獻上世俗或心靈的純愛祝福。

2018 年大稻埕國際藝術節

(10)　節目名稱：《來了！來了！
　　　　　　　　　從高山上重重地落下來了！》
　　表演單位：盜火劇團
　　地　　點：納豆劇場

神靈降下暴雨及閃電，摧毀了以販售原始文化為生存準則的村落，全村的人陷入昏迷，倖存的人為了拯救一切，踏上尋找「專家」的未知旅程。這是一則以原始文化傳說當作基底的現世預言，警示出文化被消費的過程。

(11)　節目名稱：《舊情野綿綿》
　　表演單位：斜槓青年創作體－達利武藏豬五花

少女情懷不總是詩，少女情懷還能是刀。用聲音調味、肢體爆香，以大稻埕豐沛的人文景觀熬煮一鍋感官的饗宴。

(12)　節目名稱：《2 Weeks 異度空間》
　　表演單位：台北當代藝術中心 TCAC
　　　　　　　　　約翰‧蒙特斯 John Monteith（加拿大）
　　地　　點：台北當代藝術中心

《志趣相投》為加拿大藝術家約翰‧蒙特斯的現地製作裝置與行為演出。他在台北當代藝術中心內部掛上象徵參與成員的旗幟，將空間改造成一個會議中心，這些旗幟是從自由平等開放的精神出發的全新設計，試圖創造出一個真正平等開放的場域。蒙特斯也邀請大稻埕在地社群、舞者、編舞家、藝術家與文化工作者在空間內自由創作，以身體、行為與表演性重新演繹平等與開放的公共精神。

《由戲窟出發－大稻埕的傳統戲曲推動》
講者：羅斌、葉玫汝
主持人：徐亞湘　地點：納豆劇場

《現地創作與群眾參與》
講者：滾動傀儡另類劇場、Daniel Nicolae Djamo　地點：ASW Tea House

《藝術節沙龍－藝術與社區的共生共榮》
講者：徐宏愷、許翼翔、林珣甄、劉星佑
主持人：呂弘暉　地點：台北當代藝術館

《東南亞的表演藝術發展》
講者：Chrisada Sambandaraksa、Leeroy New
主持人：高翊愷　地點：台北當代藝術館

《大稻埕大家講》
開放式講座
地點：稻舍 URS329

《大稻埕與世界－在地性與國際觀兼具的大型藝文活動策畫》
講者：陳錦誠
主持人：周奕成　地點：思劇場

《大稻埕與世界－觀察家眼中的城市藝術與策展》
講者：黃海鳴
主持人：周奕成　地點：迪化 207 博物館

《女性主義沙龍》大稻埕的查某人－傳統與現代 老中青三代女性之創業經驗談
發起人／主持人：林曉雯　地點：合藝埕 永樂春風茶館
參與講者：
1. 蘇黃雪女士 年輕時跟丈夫在大稻埕創業，開設文具行，賺錢買下迪化街店面街屋
2. 王麗蘋女士 李日勝老闆娘，將李日勝烏魚子賣店打理得有聲有色，規劃二次創業
3. 吳俊美女士 開設「老桂坊」文創工作室
4. 任佳倫女士 開設「合興壹玖肆柒」從設計業回家接手傳統家業老店
5. 阮婷憶女士 來大稻埕創業「福來許」
6. 李敏琪女士 開「鯉魚」餐廳為李日勝二代
7. 許淑芬女士 在地大稻埕二代，開設「大稻埕台灣料理研習所」

2018 年大稻埕國際藝術節

(14)

《時空劇場—1920 變裝遊行》

百年前的大稻埕已經有摩登的髮廊、時髦的洋服店，還有林立的百貨和戲院，這裡是屬於台灣人的「城外」，現代化的思想在大稻埕萌芽，台灣精神與本土文化由此開始生長茁壯。帶著你狂騷的老靈魂，準備好最復古的裝扮，跟著我們走進時光隧道，感受正值黃金歲月的大稻埕風華！

(15)

《戶外才華市集》

重現大稻埕「戲窟」蓬勃發展的藝文活動，以片刻駐足與熱烈掌聲來交換表演好手的才華。

(16)

《公民藝會 2018》

串連大稻埕的居民、耆老、商家，邀請大家在大稻埕國際藝術節的年度規劃會議中提供意見，每一位都是大稻埕藝術節的夥伴，這是「從人人手中長出來」的藝術節。

(17)

《志工大會 2018》

除了在地居民、藝術家、觀眾的共同參與，近百位志工也是大稻埕國際藝術節的靈魂人物，感謝每一張笑臉、每一顆心！

(18)

《開幕快閃 2018》

大稻埕國際藝術節的工作人員會在開幕這天以 1920 年代的裝扮現身永樂廣場，快閃呈獻小短劇和廣場舞，宣告大稻埕國際藝術節正式開始！

(19)

《藝術家派對 2018》

回望、展望，藝術家在輕鬆愉快的氣氛中，交換彼此在大稻埕國際藝術節中所經歷的思考斬獲與身體記憶。

2019 年大稻埕國際藝術節

(01) 節目名稱：《真實性：母親》
演出單位：Phitthaya Phaefuang （泰國）
演出場地：思劇場

《真實性：母親》為今年駐埕泰國藝術家 Phitthaya Phaefuang （Sun）的個人演出，藉由探查大稻埕區域 過往性產業的文化與記憶，連結變裝舞會 (Ball) 文化分 類底下的 Sex Siren（譯為性感海妖）舞種，試圖與其他 國家性產業文化對話。

(02) 節目名稱： 《超級象徵》 （Super Token）
演出單位：Siedl、Cao （奧地利、越南）
演出場地： 台北當代藝術中心

「超級象徵」是一場歡樂的慶典，也是日常物件的聲音潛能。它試圖用視覺及真實的再現，捕捉聲音的瞬間——氣球、扇子、紙飛機、植物、水管、迷你風車和其他在大稻埕區可見的物件，加上光影、原聲樂器、模組化效果器和感應器，皆被用來與人類行為產生有意和無意的互動。

(03) 節目名稱：道成 （Persist）
演出單位：不貳偶劇 （ Unique Puppet Theater）
　　　　　　（台灣、日本）
演出場地：納豆劇場

改編自日本「大日本國法華經驗記」中，熊野僧人安珍與少女清姬的 傳說故事，故事內容為僧人安珍要前往參詣，途中夜宿於一老叟家中， 巧遇了一位少女，雖是僧人，依然是為有情眾，贈與少女的佛像是定 情？還是慈悲？少女純情，守持佛像，日日念佛，唸的是如來還是對 僧人的執著？本劇與日本藝術家合作，並使用日本唱誦曲調，以說書 形式呈現，配合場景交替與木偶展現，以東方美學作為表現風格核心。

2019 年大稻埕國際藝術節

04

節目名稱：花路（Flower Road）
演出單位：26 劇團（韓國）
演出場地：納豆劇場

1945 年，在中國滿洲，兩名被迫成為慰安婦的韓國少女，得知隔天早上會有一輛卡車即將開往家鄉的消息，她們 急忙做返鄉的準備 .....。「我要回家！回家之後我要漂漂 亮亮的出嫁。」然而返鄉的時間越來越近，少女的恐懼 也漸漸變得明顯 .....。「爸爸 ...... 認得出我嗎？爸爸會來 接我吧？」究竟少女們能回到她們夢中描繪的家鄉嗎？

05

節目名稱：火燄山
演出單位：彰藝園掌中劇團
演出場地：納豆劇場

唐三藏師徒四人前往西方取經，行此火焰山時，因大火延燒無法通行，只得向鐵扇公主商借那把 傳說中的芭蕉扇。鐵扇公主因前仇舊恨，不肯出 借真的，反而借給他一把火扇，無法熄火，燒得 師徒四人面赤髮焦、鎩羽而返。在無計可施下，孫悟空變成牛魔王拐騙鐵扇公主，但在孫悟空得 手之時，真正牛魔王返家，撞個正著、大打出手。 最後托塔天王李靖出場才將牛魔王制伏，結束這 場爭鬥，取得芭蕉扇，平息火焰山，師徒四人方 得繼續西方取經。

06

節目名稱：質地有生 | 布纖維選擇展
演出單位：步野 X 地衣荒物《感織境界線》互動工作坊
演出場地：台灣物產三樓

我們每天的生活都是通過各種選擇建立起來，選擇什麼布料陪伴自 己的睡眠，在入睡時被自己挑選的溫柔擁抱，選擇什麼纖維作為傳 達個性的媒介，用自己挑選的質感成為社交的鎧甲上演日常的情 節。布料可以是衣服、棉被、窗簾或是桌巾，陪伴我們生活起居 的 每個角落。「質地有生 - 布纖維選擇展」希望為大眾帶來另一種觀 點的生活選擇提案，從選擇中建立材質與生活的關係，從質地中挖 掘感官的新生。

07

節目名稱：行山 | 紙纖維裝置展
演出單位：地衣荒物
演出場地：樹火紀念紙博物館

此次樹火紙博物館將以紙山裝置，形塑生命這場漸入山林的旅程，在館內 50+ 女人們的旅程外，另闢蹊徑，探尋山行的另一種可能，步伐間的反覆光景、眼前的陰鬱險峻，回首走過的每一步皆是扎實的積累。在跨越重重阻礙之後，終能看見無與倫比的美景，透過大稻埕街屋的中庭天井，在青藝埕的工藝選物店地衣荒物與小城外酒館之間，透過紙纖維裝置、天然的中庭採光、帶給民眾獨特的觀展體驗。

08

節目名稱：流體光場 - 油水投影 + 自由書寫 + 當代肢體
演出單位：謝欣翰、吳季禎、蔡青霖
演出場地：思劇場

以自由書寫作為思想的符碼，用當代肢體編織肉體的細胞，在流體藝術的油水投影之中，用意識渲染環境，肉身也跟環境融為一體。這是一齣探討肉體與意識，環境與自我的沈浸式劇場表演，透過現場創作的視覺與文字，結合肢體設計與結構編排，演繹一淌生命的流體光場。

09

節目名稱：大稻埕社區劇場 | 洗頭：跟我說一個故事
演出單位：張剛華
演出場地：豐味果品 中庭

延續創作者近兩年發展的「參與式展演」計畫，包含洗澡、做飯、睡覺等日常行為，《洗頭：跟我說一個故事》預期藉由洗頭這個日常行為，進而討論此行為背後所涵 括的文化與習俗，以及衍伸與人、社群的故事。「洗頭」在當代消費行為中屬於較為親密的體驗，它處理了社交行為中如清潔、禮儀、時尚等不同層次的需求。本次《洗頭：跟我說一個故事》，作者期待能以這個日常行為作 為田調工具，由藝術家自身去體驗、交換、執行「洗頭」，重新認識這個日常行為在當代文化、地方社群與 個人之中隱含的現象與故事文本。

2019 年大稻埕國際藝術節

（10）　節目名稱：春風得意
演出單位：三明治工
演出場地：稻舍

《春風得意》是一件與 20 年代大稻埕相遇的互動裝置，與在地的文史單位合作，把相關的影像與文字編輯成穿越時代的殘片。當民 眾拉動裝置上的繩子，即會掉落一片老新聞、故事、書信或手稿，讓曾經風起雲湧的大稻埕及其時代懸念，在脫落與飄零中與百年後 的路人相遇。取名用以紀念大稻埕曾經的文化交流重地─四大旗亭之一的春風得意樓，曾由蔣渭水經營，為當年文人志士重要的交流場域，見證了蔣渭水及眾多熱愛台灣的志士所投身的本土運動及其精神，「春風」與「得意」亦各自呼應作品中的兩個特性─外在的 自然現象以及內在的思維活動，及其所共同構成的藝術體驗。

（11）　節目名稱：咆哮
演出單位：何柏蒼、鄭鼎、葛瑞祥、張承逸、徐同誼、李育昇、許鑫雯
演出場地：URS127

張開你的嘴，戴上牙撐器，好好說話，盡情表達。說心中所想，說個性時尚，說那些只有某些人才能懂的話，在這個自媒體的時代，每個人都是品牌，你就是自己的最佳代言人。也許，你默默無名；也許，你覺得不被理解；也許，你覺得自己走在一條孤獨的路上，那又如何？勇敢的，大聲吶喊，認真生活，用力發光，在天地一方，總會找到願意傾聽與理解的那道光。

（12）　節目名稱：《白蛇傳》
演出單位：台北新劇團
演出場地：在地回饋專場

峨嵋山上修鍊千年的白蛇與青蛇，幻化主僕人形，到杭州西湖巧遇 年輕俊秀的許仙，白蛇心生愛戀，便以借傘為由，促成姻緣結為夫 妻。金山寺法海禪師設計讓白蛇飲下雄黃酒而原形畢露，許仙嚇得魂飛天外，白蛇仙山盜草相救，但他依然投奔法海。白蛇與青蛇同 往懇求釋放許仙，法海執意不放，於是白蛇施展法力，水漫金山，引發一場水中神、妖大戰。

(13)　節目名稱：《巧遇姻緣》、《武松打虎》
　　　演出單位：亦宛然掌中劇團
　　　演出場地：在地回饋專場

亦宛然經典名戲《巧遇姻緣》，全劇沒有任何口白，但卻能夠透過生的折扇、旦的撐傘、末的抽煙、丑的躺椅等細膩動作，及打藤牌、轉盤等熱鬧武打，帶領欣賞者進入傳統布袋戲的奇妙世界裡。《武松打虎》講述宋年間，景陽崗出現了一隻傷人無數的吊睛白額猛虎。嚴家兄弟組成隊伍要前往打虎，武松過崗時與猛虎搏鬥的故事。

(14)　節目名稱：《重返 1920 爵士之夜》系列音樂會
　　　演出單位：Matt Fullen's Stage Right Band
　　　演出場地：在地回饋專場

十月的秋日夜晚，邀請您光臨大稻埕的小酒吧，享受美酒小點，和朋友輕鬆閒聊，欣賞 Matt Fullen 與夥伴們所帶來的 1920 爵士樂。三場不同的主題規劃，帶領大家穿越時空，重返最經典的爵士時代。

(15)　節目名稱：剪紙，在糕餅舖子
　　　演出單位：陳盈儒
　　　演出場地：合興壹玖肆柒

每一張剪紙都是一片風景，追尋內心火山，訴說每次歷險歸來。每一份鬆糕也是一片風景，直達舌尖味蕾，道盡七十年新經典。是傳承的技法，也是創新的設計。一場手敲與手剪的藝術邂逅。

2019 年大稻埕國際藝術節

(16)

節目名稱：科學繪圖的藝術
演出單位：祁偉廉、祁文浩父子
演出場地：欣合手創館

科學繪圖不僅是用於科學紀錄、教學和研究，它能寫實呈現自然生物的美感，往往也能打動人心，增加對大自然的認識，想要進行科學繪圖，必須在藝術與科學兩項專業都有基礎，才能有美好和精緻的呈現。

(17)

節目名稱：「食涼 - 夏天的滋味」特展
演出單位：迪化二〇七博物館
演出場地：迪化二〇七博物館

炎炎夏日，暢飲冰水享受 0°C 的爽快、食用屬涼性的天然食物消暑，本特展介紹台灣百年來內服外用的生活智慧，一同品嚐屬於台灣夏天的涼快滋味。

(18)

節目名稱：荼蘪 – 手工帽飾展
演出單位：林君孟手工帽飾
演出場地：眾藝埕

將以 20 年代 Flapper Girls 為靈感，於眾藝埕二樓展示和洋混搭的摩登女郎帽飾。

(19) 節目名稱：《女頭目的未來學 #4》
演出單位：台北當代藝術中心
演出場地：台北當代藝術中心

TCAC 2019 全新帶狀節目《女頭目的未來學》，以系列展覽與公眾參與活動帶領觀眾想像：母系的生產將如何領導與批判科技與資本主義治理的社會。

(20) 節目名稱：在望春風裡唱歌
演出單位：望春風團隊
演出場地：純純電影音樂咖啡

由大稻埕在地音樂素人出演，並結合大稻埕店家及產業演繹在地故事。講述本名劉清香的「純純」，從歌仔戲班被古侖美亞唱片公司發掘為歌手，以一曲〈望春風〉奠定歌壇地位的故事，同時也將帶出〈望春風〉作詞人李臨秋等人的生命篇章。

(21) 節目名稱：偶遊大稻埕 - 義賊迷蹤行動偶戲
演出單位：大稻埕創意街區發展協會、賴泳廷、吳孟寰
演出場地：迪化二〇七博物館

飛簷走壁、劫富濟貧的廖添丁，到底都出沒在哪些地點？「偷」這麼多好物，哪些是經過「廖式」認證，CP 質很高的愛用物品？不會武功也能跟著廖添丁欣賞迪化街一片美美的傳統紅瓦屋頂。

2019 年大稻埕國際藝術節

(22) 節目名稱：108 年台灣新文化運動紀念館 - 新文化運動月
演出單位：栢優座
演出場地：大稻埕戲苑

以台灣新文學之父賴和小說作為內涵為主軸，抽取故事精神中想傳達的思 想，轉化到當代時空下的情境，試圖以更貼近現代人民的角度切入，詮釋 賴和想跟人民訴說的事情，讓賴和當年的努力，在多年後，依然有機會這 塊土地上的人民再度思辨。

(23) 節目名稱：屋頂夕陽音樂會：聽・台灣秋冬歌謠音樂
演出單位：粲音集
演出場地：迪化二Ｏ七博物館

迪化二Ｏ七博物館的頂樓觀景台，可眺望淡水河的夕陽黃昏時分，秋意涼 爽，晚霞雲彩景色優美，本場活動邀請「粲音集」前來，於博物館頂樓觀 景台，為大家演唱秋冬時節的台語創作歌謠，歡迎一同前來聆聽歌詠大自然與土地的音樂，欣賞淡水河日落風光。

(24) 節目名稱：我的 1920s 復古派對頭飾 DIY
演出單位：豐泊荷 . 春花
演出場地：眾藝埕

The Great Gatsby(大亨小傳)，珍珠、羽毛、寶石，讓我們來一場華麗的冒險吧！

25

節目名稱：針織包手作課程
演出單位：At the Venue 在場
演出場地：At the Venue 在場

小班制針織包手作課程，歡迎相揪好友一起來，玩針織、玩設計。課程 提供多色針織布料，享受自己選品、自己設計的拼接樂趣，一起在 At the Venue 渡過愉快的手作時光吧！

26

節目名稱：天然製皂 - 體驗課程
演出單位：UNI JUN 俊手工皂坊
演出場地：UNI JUN 俊手工皂坊

親自體驗最天然的洗滌膚觸，量身打造獨特自 然手工皂，歡迎親子一同感受心與靈的潔淨。

27

節目名稱：懷舊手作：手繡雙面扇
演出單位：小花園
演出場地：小花園二樓

刺繡文化的藝品可以透過參與 DIY 課程，學習基礎刺繡的手藝，親手製作專屬自己的獨一無二繡花扇。讓過往的美好在現代扎根，為文化傳承創造可能。

2019 年大稻埕國際藝術節

（28）

節目名稱：濾布手沖咖啡試飲分享會
演出單位：有木之森
演出場地：有木之森

聽小木一號娓娓道來法蘭絨手沖的獨特 ... 精選兩款不同產區及處理法的單品咖啡豆，分別以濾布手沖及冰滴方式呈現，冰與熱的層次差異、再佐以專屬瑪德蓮，如此精彩緊湊，不容錯過！

（29）

節目名稱：手作香膏
演出單位：美好提案
演出場地：美好提案

用天然材料製作香膏。

（30）

節目名稱：個人彩妝課
演出單位：美好提案
演出場地：美好提案

自己就是女神製造機。

31

節目名稱：北京土行孫 Teleport 肢體工作坊
演出單位：Teleport
演出場地：台北當代藝術中心

北京土行孫 Teleport 肢體工作坊：中國藝術家組合 Teleport(冷月和梟笑) 將透過分析城市規劃、通勤路徑、與交通方式探索這些空間與身體是如何 產生連結。

32

節目名稱： 《女頭目的未來學》公眾參與活動：寫阿母工作坊
演出單位：台北當代藝術中心
演出場地： 台北當代藝術中心

TCAC 2019 全新帶狀節目《女頭目的未來學》，以系列展覽與公眾參與活動帶領觀眾想像：母系的生產將如何領導與批判科技與資本主義治理的社會。

33

系列講座

節目名稱：大稻埕的台灣美術史
講者：廖仁義、周奕成
講座地點：新文化運動紀念館

節目名稱：大稻埕與台語詩的天光
講者：向陽 、周奕成
講座地點：行冊

節目名稱： 傳統文化與新世代的共融
講者：辜懷群 、周奕成
講座地點：大稻埕戲苑 8 樓 ——曲藝場

2019 年大稻埕國際藝術節

（33）

系列講座

節目名稱：《女性主義沙龍》
「在性別多元現代，為何要繼續談女性主義？」
發起人／主持人：林曉雯
主講者：詹璇恩、徐書慧
與談者：阮婷憶、許瑪蘋
地點：合藝埕 永樂春風茶館

節目名稱：是地方參與藝術還是藝術創生地方？
講者：方敏華、高翊愷、林珣甄、殷寶寧
講座地點：台北當代藝術中心

節目名稱：淺談東南亞的藝術節慶活動
講者：Andrei Nikolai Pamintuan 、Noutnapha Soydala 、李慧珍
講座地點：Le Zinc 洛 Café & Bar

節目名稱： 質地的情感與生活的選擇
講者：謝欣翰、劉又銘、陳瑞惠
講座地點：台灣物產三樓

節目名稱： 在社區裡的這些故事 —— 以大稻埕為基底的創作
講者：張剛華、李萬鏗、Siedl/Cao、林珣甄
講座地點：課廳

節目名稱：以慰安婦為題的戲劇與舞蹈創作 - 台韓之間的共同歷史事件
講者：金奎利、安準炯、反面穿舞蹈劇場、葉德蘭
講座地點：阿嬤家和平與女性人權館

2020 年大稻埕國際藝術節

01

節目名稱：大島藝舟：1920 與 2020 時空劇場
　　　　　台灣與世界創意連結
策展單位：SUPER ADD 超級注意力不集中
演出場地：台灣物產三樓

2020 大稻埕國際藝術節所有概念的象徵物。2020 是個特別的一年，對全球各個產業而言都是一個挑戰，這樣的背景下，大島藝舟所要帶來的是什麼呢。

裝置：科技
這個燈光裝置本身就是一座方舟，船軌是用電子紙組成的。說到電子紙，它是近 10 年因應需求出現的科技產品，它是液晶螢幕的另一種替代品，它不是最新科技但它代表了科技因應人的需求不斷演進的過程。放在這艘船上，上面也揭露了一些關鍵字，「疫情、科技、歷史……」這些關鍵字是大島藝舟想聚焦的主軸。

疫情：錄像
我們看到疫情，這裡有一隻簡明的近代疫情史錄像，整理了從 1350 年開始全球發生的重大病毒，我們能一窺當時的人們如何對抗疫情，以及在這樣的背景下一些當時的藝術創作，看到疫情如何帶來重大的改變。

體驗：參與
這個裝置，不是一件典型的觀賞型的作品，因為他同時也是大島藝舟講座、直播活動的發生地，他是一件參與型的作品，你可以走近一點，在船內船外都繞一繞，我們鼓勵你坐下來參與活動，因為唯有這樣近距離參與，你才能看到作品的全貌，唯有參與能真正的跟這些正在發生的事產生關係。

02

節目名稱：2020 到城藝遊｜構圖台灣 –
　　　　　大稻埕國際藝術季
演出單位：阿波羅畫廊
演出場地：學藝埕

阿波羅畫廊受邀「大稻埕國際藝術節」。策展主題為「到城藝遊｜構圖台灣」，「到城」為「稻埕」的諧音，試圖將視覺藝術帶到此向來以表演藝術為主的大稻埕。參展者以不同型態美學呈現在大稻埕。以不同媒材及風格呈現出台灣的意象。

2020 年大稻埕國際藝術節

03

節目名稱：那些華麗轉身的大稻埕女人們－
　　　　　介紹南街女性空間
演出單位：洪幸如
演出場地：永樂春風茶館

日治時期，台灣社會進入現代化歷程，日本殖民政府鼓勵廢纏足，企圖讓女子的身體與勞力得到解放，同時認為女子受教將更易於同化台民，不過從學校的教授內容看來，大多仍以培養家庭內的傳統女性為主，並非期許女性如同男性一般平起平坐地工作，而教育也成為父母為女兒尋求好夫家的工具之一，只是許多得到教育機會的女孩們似乎並不僅滿足於成為賢妻良母。隨著日本人將西方世界的新發明帶進台灣，使得產業結構發生改變，增添了職業多樣性，同時，教育除了幫助女性識字，也提升其內在自我意識，發現女子也可以擁有經濟能力，能補貼家用甚至有機會過自給自足的生活，許多女性開始產生走出家庭工作的動力。製茶女工、揀茶女、產婆、看護婦、教師、電話接線生、車掌、藝旦、女給…女子上班族開始走進社會，為台灣的職場添上一抹新色。

04

節目名稱：花漾 青鳥
演出單位：逆風劇團
演出場地：納豆劇場

簡短四十分鐘的呈現，述說出許多青少年在教育裡所渴望被聽見的聲音。逆風劇團的《青鳥》舞台劇很沈重，但現實更是在很多的角落裡天天上演。當然很多時候不是我們放棄，而是我們不知道怎麼做才能面對自己或是眾人的期待。本劇由小花的視角，帶領大家看見少年們在體制內遇見的束縛與壓迫，進而講述世代與社會壓力為現階段少年所帶來的恐懼及不安如何在每個角落發生。

05

節目名稱：石之內——後疫情岩層，石器茶席體驗
演出單位：嚴佩恩（軟石工作室）
演出場地：婉藝埕天井

一切的生命回歸土壤分解，凝結成石，茶從岩土生長，重新提取養份到我們的生活中。以石器點綴茶席，跨越萬年維度，暫以天井間的裝置為茶棚，在此整理我們從疫情到後疫情的思緒。

06
節目名稱：餘生絕騷
演出單位：李育昇
演出場地：ASW Tea House

《餘生絕騷》作為《魚身‧餘生》系列作品的延續，拓展了關於『扮演』的概念至『扮裝』的政治性層次。『扮裝』即是扮演的劇烈性政治轉化，以誇飾的視覺感強調出扮演者欲扮演的角色特質，也與 LGBTQ 族群的平權奮鬥史息息相關，身體與服飾的關係也可以作為一種對抗社會主流價值的街頭戰場，扮演不符合社會期待的角色即是一場『乳頭對拳頭』的社會運動。

2020 在全球大瘟疫襲來的當下，台灣偏安於海之一方、文明方舟一隅，面對環伺在外更切身的人類危機，從過往人類製造的物種滅絕到現今可能全體人類都蒙難的大災變面前，你想用什麼姿態妝扮／扮裝，紀錄下這場餘生倖存者的實境秀？

07
節目名稱：『妮妮的休假日』變裝皇后脫口變裝秀
演出單位：李育昇
演出場地：ASW Tea House

【扮妝皇后脫口秀：『妮妮的休假日』】週日宿醉來喝茶，妮妮好餓。陪妮妮一起聊化妝，聊下台後的酸甜苦辣，化完妝一起上街去覓食。

08
節目名稱：『妮妮的上班日』變裝皇后脫口變裝秀
演出單位：李育昇
演出場地：ASW Tea House

【扮妝皇后脫口秀：『妮妮的上班日』】週六晚上是變裝皇后們的 show time，而下午就是化妝時間。去喝酒前來喝一杯茶，看妮妮從男變皇后的過程，聊上台前的勁爆秘辛。

2020 年大稻埕國際藝術節

(09) 節目名稱：台大醫院百年建築走讀
演出單位：凌宗魁
演出場地：市定古蹟台大醫院舊館、台大醫學院舊館

實地介紹市定古蹟台大醫院舊館、台大醫學院舊館等
文化資產變遷，認識日本時代衛生建築演變。

(10) 節目名稱：光的胎動
演出單位：地衣荒物共同創辦人
演出場地：地衣荒物（天井）

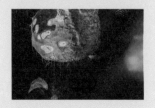

「人第一個居住的地方是哪裡？」　　從胚胎誕生成為每一道光
最初的巢在子宮裡　　　　　　　　一起在天井子宮裡孵化胚胎的觀眾
第一個聽到的聲音是心跳　　　　　與演者就像是宇宙這具身體裡的每個細胞
最初的記憶在水裡　　　　　　　　彼此連結流動在一起
第一個看到的東西是光　　　　　　跟著心跳聲，靜下心來
我們都在生命的河水裡漂流　　　　回到那個遙遠的地方
流進了母親的子宮裡　　　　　　　那個自己當初待著的地方
跟著心跳的節拍肉身開始胎動

(11) 節目名稱：《水手》
演出單位：台洋劇團
演出場地：納豆劇場

融合偶劇與聲樂，故事背景為中法戰爭時期的台灣，一名法國水手在海上遇難，意外來
到了台灣的故事。本劇的操偶師羅斌，本身也是荷蘭人，太太安娜則是為法國聲樂家女
高音，兩位在台灣定居超過 20 年。2000 年起擔任台原亞洲偶戲博物館館長，以撰寫多
篇台灣偶戲的學術文章協助推廣台灣與亞洲偶戲，並至全球 50 餘國演出，辦理台灣原住
民傳說光影課程巡迴等計畫，並籌辦教學工作坊，對推展台灣偶戲的貢獻不遺餘力。獲
得文化部第 24 屆「台法文化獎」。

(12)　節目名稱：你、我、他
　　　演出單位：李承漢
　　　演出場地：思劇場

「你、我、他」以獨舞、雙人舞以及三人舞為結構，結合馬戲與現代舞，嘗試突破表演者本身被限制的身體，是個多重的編創過程與創作形式，產生出砥礪與淬煉的實踐精神。「每一投足、每一頓點對於舞者而言都是自我人生經驗的反思。這不只是一齣畢業舞作，更是一場通過肢體和舞動，淬煉出的生命對談。

(13)　節目名稱：巴黎野梅 - 酷兒身體工作坊
　　　演出單位：曾智偉
　　　演出場地：思劇場

在「性愛」前、中、後三階段裡，把玩身體和聲音的「性別」元素，智偉帶妳／你天雷勾動地火，遊走於戲劇、舞蹈、行為和變裝等表演形式，在二元性別的框架外，展演當代酷兒身體。

(14)　節目名稱：遊龍戲鳳 鬧龍宮
　　　演出單位：辜公亮文教基金會
　　　演出場地：台泥士敏廳

《遊龍戲鳳、鬧龍宮》是辜公亮文教基金和「台北新劇團」推出的拿手好戲。「台北新劇團」千錘百鍊的武打戲，法力無邊，眾仙過招的《鬧龍宮》。還有清新俏皮的雙主演折子戲《遊龍戲鳳》。每齣都是李寶春親自修編，「標新不立異，戀舊且喜新」，強化視聽感受的「新老戲」。

2020 年大稻埕國際藝術節

15 節目名稱：「樂」讀名畫 1920s：
　　　　「藍色奧黛麗」Blue Audreys
演出單位：See More Art
演出場地：大稻埕戲苑八樓 曲劇場

八歲的小蓁是一位名畫偵探，圖像思考型的她喜歡看畫作解謎。多年前，小蓁的媽媽意外在圖書館裡面找到一個魔法調色盤，藉由調配不同顏色，勾勒出多條奇幻色彩的名畫探險路徑！2020 年的地球遭受疫情肆虐，失序的世界讓媽媽很擔心和讓小蓁很困惑，兩人生活籠罩著代表憂鬱的淺藍。媽媽調色施展魔法企圖幫助小蓁解謎以及轉換心情，無奈連魔法都失靈，別於以往，小蓁竟迷航到繪本故事裏，且遇見了身處第二次世界大戰時期年紀約莫 11 歲的奧黛麗赫本。炮火聲隆隆，讓兩人躲到了「1920's 的藍色」的展覽空間裏，卻被代表更深憂鬱情緒的墨藍色畫作困住，他們有辦法走出來嗎？小蓁有辦法重回正軌成功回家嗎？

16 節目名稱：青睞年華百年戲服展
演出單位：青睞影視
演出場地：婉藝埕

讓百年台灣史的精萃，凝結在鏡中的時尚身影。從《浪淘沙》《天馬茶房》到《紫色大稻埕》，不論是日治時代的男女高校制服，還是文藝青年的當代潮服，不管是地方仕紳的風流倜儻，還是名流仕女的雲鬢衣香，衣服，都是人們與時代與最親密的接觸。邀請您來大稻埕，穿上戲服，親身體驗百年前的霓裳魅影。

17 節目名稱：合和畫展
演出單位：施文正、羅斌（荷蘭）
演出場地：合藝埕永樂春風茶館

大稻埕在地人施文正先生與荷蘭籍新住民藝術家羅斌，攜手玩色彩繪出對大稻埕的文化情感與濃厚的人情味。10/2 ～ 10/25 在合藝埕永樂春風茶館歡迎蒞臨觀賞大稻埕之美。

18
節目名稱：讓我看看你的視角
演出單位：行冊 walkingbook
演出場地：行冊 walkingbook

行冊的大哥哥、大姊姊將在大學美術系學習的課程重新改編過後，為孩子們設計了一堂特殊的美術課：一台兒童數位相機，我們要帶孩子到戶外探索，並自由地拍下他們眼中的大稻埕，回到行冊後，再依孩子們拍攝到的照片，選擇想畫的素材和畫面，在畫布上創作出一幅畫。除了激發孩子的想像與創造力之外，亦能透過這堂美術課，發掘孩子們對於這個城市的理解能力。

19
節目名稱：埕裡發酵
演出單位：吳蹦影像
演出場地：吳蹦影像工作室

發酵作用，多是指生物體對於有機物的某種分解及重組過程。而生活也無時無刻是一種靜止與搖曳的過程。而這恰恰的就是一種創作過程，像是文學、影像等創作過程。這次的發想，有點類似我自己的創作過程，有時候大稻埕散步的一切也可以說是一種創作的發酵過程。我聚焦在大稻埕街區裡發生一段時刻，去感受每個畫面中動靜並存的感受。夾在這樣的感受中，去感覺腦海裡發酵的詩歌。

20
節目名稱：決戰虎爺
策展導演：林文龍
合辦單位：大稻埕創意街區發展協會、埕樂通
演出場地：埕樂通

兩代木雕藝術的創作者，吳榮賜和陳廷晉相差 30 歲，同樣的四十八小時，同一個空間，創作台灣民間信仰的虎爺公，相互對話相互激盪！！
創作間的對話也是可貴的，老師傅給陳廷晉一點建議，老塞靦腆地笑一笑，很客氣，猶豫了一下開口：刀拿這樣危險，會傷到自己。
導演問陳廷晉，為了什麼開始做木雕，他回答我：這是一個向自我內心挖掘的過程，同時，抱著偶，讓他很有安全感。老塞看到的危險，是陳廷晉享受的安全感，這費力的一刀一刀，像是苦修，挖掘自己。

2020 年大稻埕國際藝術節

(21)

節目名稱：荒宅探險
演出單位：笨蛋工作室
演出場地：捷運大橋頭站 1 號出口

100 年古宅，100 坪空間
不是你想的密室逃脫，更不是鬼屋
笨蛋工作室給您全新的探險體驗！
小朋友才白天玩，荒宅只開放夜晚探險。
傳說，在一百年前，這裡是一間神奇的酒樓，深處藏有無數財寶，來到這裡的住客都有
機會滿載而歸。1950 年某天，大批警力破門而入，強行帶走酒樓主人一家共七人，從此
之後，酒樓內財寶被搜刮一空，只剩下偌大的房子荒廢至今。

(22)

節目名稱：Uchronia 烏有史
演出單位：F studio
演出場地：F studio

「Uchronia 烏有史」藝術實驗計畫由藝術家黃祥昀、陳臻共同發起，並與設計師／工程師梁祐
文、藝術史研究者 Beatriz Bloch、歷史研究者林品君、與多位朋友一同協作，帶領觀眾重新思考
「身份認同」、「國家」與「歷史」的定義，在數位時代成為開創「另類歷史方法論」的思考起點。
「Uchronia 烏有史」由烏托邦（utopia）和時間（chronos）兩個字組成，是一段我們所屬世
界之外的虛構時間，包括：重建的過去、可能的現在、臆測的未來。從台灣多重殖民的經驗
出發，並在 F Studio 的藝術空間，首次實驗以「網站藝術（net art）」做為展覽主軸，嘗試
展覽方式的再創新。透過藝術，重新思考全球化下分歧的「身份認同」和「國家」概念的定義。

(23)

節目名稱：郭雪湖－望鄉三態 VR 展
演出單位：郭雪湖基金會
演出場地：良品開飯

請 VR、AR、動畫團隊製作數位科技作品，藉由郭雪湖的畫作〈南街殷賑〉，創造出「空
間」、「時間」、「體驗」三種 VR 互動方式，讓觀眾親身走進 20 世紀初的大稻埕南街
感受郭雪湖的望鄉之情。

(24)
節目名稱：異域漂流
演出單位：簧呼旅人／林虹穎、自由戀愛珈琲館 x
逗留工作室
演出場地：自由戀愛珈琲館

四人將以不同地域的樂器，交錯編織聲音的河流，在泛音與振動的縫隙之中，穿梭、漂
流。活動中也將進行四人的聲音座談，藉此分享馬頭琴、呼麥、西塔琴、手碟、口簧琴
與四人探尋聲音的故事。

(25)
節目名稱：風的部落
演出單位：簧呼旅人／林虹穎、
　　　　　自由戀愛珈琲館 x 逗留工作室
演出場地：自由戀愛珈琲館

四人將以不同地域的樂器，交錯編織聲音的河流，在泛音與振動的縫隙之中，穿梭、漂
流。「老調新ㄉㄨㄞ」集合五個熱愛口簧琴與傳統樂舞的青年，結合台灣原始部落的神
話和音樂元素，發想一段屬於「風的部落」的故事，再以世界樂器不同的聲音質地詮釋
這個部落的興生與流轉。

| 梅怡凡 | 計畫主持人、對外合作洽談、社群網站管理、音樂演出、影像攝影剪輯。
| 林虹穎 | 中英語口筆譯、講座策劃、音樂演出、世界口簧琴。
| 紀揚真 | 音樂演出、聲音處理創作。
| 杜們・彼得洛 | 太魯閣族傳統生活文化推廣、傳統樂舞與樂器、舞台劇編導。
| 許巧蓁 | 手作樂器、文字記錄、教學。

【演出樂器】
頌缽、吉他、人聲、薩滿鼓、口簧琴、竹笛、木琴、天鼓、沙鈴、鈴鐺、印度風琴、鑼
活動中也將進行四人的聲音座談，藉此分享馬頭琴。

2020 年大稻埕國際藝術節

(26) 節目名稱：聲音，自然而然
演出單位：簧呼旅人／林虹穎、自由戀愛珈琲館 x
逗留工作室
演出場地：自由戀愛珈琲館

訴說世界口簧琴的故事，並且以口簧琴和不同樂器搭配，營造出天地元素的聲響和氛圍。

【演出樂器】
口簧琴 、人聲、天鼓、雨棍、mp3 背景音樂、泛音笛、
薩滿鼓、印度風琴、沙鈴、非洲鼓

(27)

系
列
講
座

節目名稱：人類世、負人類世（當代藝術的回應）
　　　　　疫情下的台灣藝術創作
講者：陳愷璜
講座地點：台灣物產三樓

節目名稱：那些華麗轉身的大稻埕女人們－介紹北街女性空間地標
講者：洪幸如
講座地點：上午場：永樂春風茶館，下午場：街區導覽

節目名稱：葉天倫試片室—魏德聖導演《台灣三部曲》
講者：葉天倫、魏德聖
講座地點：台灣物產三樓

來自台南、大稻埕兩個歷史城市的電影導演，將聚集在大稻埕聊聊魏導新作「台灣三部曲」目前的進展，與對台灣電影未來的想像。出身台北的導演葉天倫、跟出身台南的導演魏德聖，來談論台灣影視的未來、以及來聊聊《台灣三部曲》計畫。

原來 2000 年參加完《雙瞳》的製作，魏德聖給自己放了幾個月的假，寫出這三本劇本。然後就把這個計畫放在心裡近 20 年，至今仍在一步步實現這個夢想。

節目名稱：我的小孩想演戲
講者：辜懷群
講座地點：大稻埕戲苑八樓曲藝場

節目名稱：葉天倫試片室—《2020，一位電影導演在紐約》陳敏郎導演
講者：葉天倫、陳敏郎
講座地點：台灣物產三樓

節目名稱：『仲夏夜汁夢』台南人劇團音樂劇講座
講者：台南人劇團
講座地點：ASW Tea House 三樓

節目名稱：畫家與音樂家的一週：生活是藝術 _ 藝術即是生活
講者：張凱迪
講座地點：台灣物產三樓

2020 年 COVID-19 疫情時期，全世界恐慌不安！許多藝術展覽活動取消，音樂會也停止。既然藝術能夠撫慰人心，給予正能量，這個時候，藝術更不應該缺席！阿波羅畫廊張凱迪動員了居住在國內外的畫家及音樂家朋友們，在堅守防疫規定的前提之下，讓藝術的分享持續下去。"Life is ART is Life 生活是藝術，藝術即是生活 " 就這麼誕生了！

張凱迪陸續邀請了八位畫家及八位音樂家參與，並在石雅如導演的分鏡指示之下，自行在家以手機拍攝紀錄居家生活的點滴，持續一週。經過製作團隊的剪接後，將故事以藝術家的畫作運鏡作為穿插，音樂家的作品作為配樂。

影片除了記錄他們在繪畫及練習樂器之外，還可一窺他們的日常及休閒活動，如：起床刷牙、買菜、烹調、瑜伽、閱讀、遠距教學、吹口琴、打毛線、滑手機、追劇、遛狗等。讓全世界能夠透過 Youtube 分享到他們美好的音樂、藝術及生活！

節目名稱：女性沙龍 1920 年代女性運動掀起時尚風潮
講者：詹璇恩
講座地點：永樂春風茶館

2020 年大稻埕國際藝術節

節目名稱：半島音樂論壇 講唱沙龍
宣傳策展單位：探照文化
講座地點：台灣物產三樓
節目名稱：半島音樂論壇 聆賞講座
講者：李明璁、林生祥
講座地點：台灣物產三樓

節目名稱：疫情後國際文化交流的方舟如何啟航
　　　　　– 台灣與紐西蘭交流座談

與談人：Ron Hanson, Editor of White Fungus / 白木耳雜誌總編 Ron Hanson
　　　　Catherine George, Senior Adviser of International Services & Initiatives,
　　　　Creative New Zealand / 創意紐西蘭國際交流資深顧問 Catherine George
　　　　Wei Wan-jung, Director of OISTAT / OISTAT 國際劇場組織執行長魏琬容
　　　　Catherine Lee , Director of Taipei Artist Village / 台北國際藝術村總監李曉雯
Host 主持人：Isis Mingli Lee, Director of Taiwan Association of Cultural Policy Studies
　　　　　　/ 台灣文化政策研究學會理事李明俐
協辦單位：Contemporary HUM
講座地點：台灣物產三樓

受到全球 Covid-19 疫情影響，國際活動紛紛取消，這讓我們了解在全球疫情嚴峻時，透過藝術和文化促進人與人之間的交流之重要性。台灣和紐西蘭兩者是國際認證成功控制 Covid-19 疫情擴散同時也盡可能維持國內經濟活動的國家。

儘管如此，國際文化交流活動接二連三延期或取消，藝術和文化工作者在這段時間受到了深刻的衝擊。國際文化組織和政府機關不停地尋找重新連接世界的方法。台灣與紐西蘭不僅面臨須重啟當地動力的挑戰，還需在保持國家家安全下與世界重新建立聯繫。本論壇旨在開啟兩國的文化組織和藝術參與者的對話，交流他們的看法和想法，期許這場論壇能促進各方未來的文化交流工作。

節目名稱：望鄉
講者：郭雪湖基金會
講座地點：民藝埕 墨中間

節目名稱：『窮酸教會我的事』劇場服裝設計講座
講者：鄭陸霖
講座地點：ASW Tea House 三樓

節目名稱：百年戰疫
講者：王佐榮
講座地點：台灣物產三樓

節目名稱：東南亞連線：獨立藝術文化工作者— Connect with SEA ｜跨國連線座談
講者：林珣甄
講座地點：思劇場

節目名稱：初次見面，請多指笑：
　　　　　從似顏繪到情境畫的溝通藝術
講者：李明璁、房瑞儀（Elainee 藍尼）
講座地點：台灣物產三樓

節目名稱：藝術節閉幕講座 重回 1920s: 尋常社會設計的民藝書寫
講者：鄭陸霖
講座地點：台灣物產三樓

狂騷：再現一九二〇創造力的大稻埕國際藝術節 / 大稻埕國際藝術節工作室作 . -- 初版 . -- 臺北市：城邦文化事業股份有限公司麥浩斯出版：英屬蓋曼群島商家庭傳媒股份有限公司城邦分公司發行 , 2021.07

　　面；　公分

ISBN 978-986-408-683-2(平裝)

1. 藝文活動 2. 藝術展覽 3. 文化觀光 4. 臺北市

733.9/101.4 110006716

狂 騷 —
再現一九二〇創造力的大稻埕國際藝術節

作者 — 大稻埕國際藝術節工作室
採訪撰文 — 林筱倩、羅苑韶、盧心權
執行編輯 — 何芳慈
美術設計 — 黃見郎

發行人 — 何飛鵬
事業群總經理 — 李淑霞
副社長 — 林佳育
主編 — 葉承享

出版 — 城邦文化事業股份有限公司 麥浩斯出版
E-mail — cs@myhomelife.com.tw
地址 — 104 台北市中山區民生東路二段 141 號 6 樓
電話 — 02-2500-7578
發行 — 英屬蓋曼群島商家庭傳媒股份有限公司城邦分公司
地址 — 104 台北市中山區民生東路二段 141 號 6 樓
讀者服務專線 — 0800-020-299 （09:30 ～ 12:00；13:30 ～ 17:00）
讀者服務傳真 — 02-2517-0999
讀者服務信箱 — Email: csc@cite.com.tw
劃撥帳號 — 1983-3516
劃撥戶名 — 英屬蓋曼群島商家庭傳媒股份有限公司城邦分公司
香港發行 — 城邦（香港）出版集團有限公司
地址 — 香港灣仔駱克道 193 號東超商業中心 1 樓
電話 — 852-2508-6231
傳真 — 852-2578-9337
馬新發行 — 城邦（馬新）出版集團 Cite (M) Sdn. Bhd.
地址 — 41, Jalan Radin Anum, Bandar Baru Sri Petaling, 57000 Kuala Lumpur, Malaysia.
電話 — 603-90578822
傳真 — 603-90576622
總經銷 — 聯合發行股份有限公司
電 話 — 02-29178022
傳 真 — 02-29156275
製版印刷 — 凱林彩印股份有限公司
定價 — 新台幣 450 元／港幣 150 元

2021 年 7 月初版・Printed In Taiwan
ISBN 978-986-408-683-2